漂流するソーシャルワーカー

福祉実践の現実とジレンマ

志賀信夫
加美嘉史

編著

旬報社

はじめに

志賀信夫

　本書は、ソーシャルワーカーのジレンマをテーマにしている。

　ここでいうジレンマとは何か。それは、ソーシャルワーカーが福祉の実践者・担い手であるという側面と賃金労働者という側面を併せ持つことによって生じる福祉実践の動揺とこれを原因としたワーカー自身の逡巡である。また、この動揺と逡巡は、ソーシャルワーカーが社会変革および人間解放をもとめる実践者として期待されている側面と資本主義社会・国家の前衛者という資本からの要請がぶつかるところで生じる。

　このジレンマがなぜ生じてしまうのか。それによる福祉実践の現実はどのようなものとなっているのか。今後、どのような展望が可能性として見出せるのか。本書はこれをしつこく問うていく。ただし、同じ問いから出発しているが、本書の各章を担当した執筆者らは各々がもつ独自の視点からこれにアプローチしている。

　第1章（加美嘉史）では、日本におけるソーシャルワーカー養成教育の歴史的変遷をみていくことで、その意義と限界、課題を明らかにしている。特にソーシャルワーカーが社会福祉士として国家資格化されて以降、画一的で定型化された教育がなされるようになり、標準的な教育の保障がなされるようになったが、その一方定型化されなかった内容については軽視されるに至った。この標準化されえなかった部分にこそ社会変革やソーシャル・アクションにとって重要な学びがあったのではないかと加美は分析している。

　第2章（中野加奈子）では、現代のソーシャルワーク教育に重点をおいてその現状と課題を明らかにしている。第1章がソーシャルワーク教育の歴史性という時間軸を中心にした議論展開だったのに対し、第2章は現代における「福祉の実践者」と「福祉労働者」という2つ側面から福祉にかかわる専門職の国家資格化とその教育について議論を深めている。本章の結論部分では、今日の

社会福祉士養成課程における「賃金労働者」としての社会福祉士が直面する諸課題がほとんど取り上げられることがないと分析し、ここにひとつの問題があるのではないかとみている。

第3章（日田剛）では、ソーシャルワークと福祉労働の関係を主題にしている。本章では、ブレイヴァマンが分析した「構想と実行の分離」という資本主義社会における独特の労働のあり方をヒントに「疎外された労働」としてのソーシャルワークを再検討している。この再検討を通して、ソーシャルワーカーたちは「疎外された労働」を乗り越えるために、自己研鑽や業務独占化ではなく、自律的な働き方（職業の再建）を可能とする条件整備を要求する「連帯」が必要であると日田は主張している。

第4章（孔栄鍾）では、韓国のソーシャルワーカー養成の現状と課題、そしてソーシャルワーカーらによる連帯の具体的事例が紹介されている。本章は、第3章で「連帯」によるソーシャルワーカーらの自律が主張されていたことをうけている。当然だが、韓国においても日本と同様の様々な生活問題が存在し社会問題化しているし、ソーシャルワーカーが直面している諸問題についても共通するものが多くある。こうした共通する諸問題に対し、韓国におけるソーシャルワーカーらの連帯に関する具体的事例の紹介は日本に対して非常に重要な示唆を提供してくれるものとなっている。

第4章と第5章のあいだには、コラム①（キム・ヘミ／訳：孔）が配置されている。コラム①では、「せばっさ」という韓国の社会運動にたずさわってきたソーシャルワーカーの経験が語られている。第4章では韓国のソーシャルワーカーらの連帯の事例が客観的な記述によって紹介されていたが、コラムでは、連帯の当事者であるキムによる経験や思いが主観的に語られている。ソーシャルワーカーとしての経験や思いの共有は、連帯に向けた一歩になるかもしれない。

第5章（岡部茜）では、ソーシャルワーカーの「賃労働者性」への無関心がソーシャルワーカーの置かれている問題状況の把握と打開策の検討を阻害していることを明らかにしている。ソーシャルワーカーが人びとの福祉を支える存在へとむかうためには、資本主義社会に迎合するかたちで社会的にふるまうのではなく、あえて反社会的に（反資本主義的に）ふるまうという不服従の実践も重

要である。そうすることで、資本主義社会で自然化されている価値規範を相対化するための筋道も次第にみえてくる。ただし、この不服従の実践は資本主義社会の産物である「商品としての労働力」に対する自覚的な「連帯」がなければならない。だからこそ、本章では「賃労働者性」に注目するのである。

　第6章（桜井啓太）では、ソーシャルワークの拒否という戦略によって、ソーシャルワークに対する無限定な肯定や全面化から距離を置き、それ自体を改めて問いなおしていく議論が展開されている。第5章と第6章はともに、賃労働が自然化した社会に対する拒否やそこからの自覚的な逃走というラディカルな視点があることが共通している。第5章では、国家がなくても生きていけるような実践も必要であることが述べられていたが、第6章ではすべての人が拒否したいことを拒否できるようになるための不服従の実践としての自覚的なソーシャルワークの拒否が述べられている。また、第6章では、ソーシャルワークの拒否を通した資本の条件の攪乱が強調されるとともに、その具体的事例についても言及されている。

　第6章と第7章のあいだには、コラム②（鶴幸一郎）が配置されている。コラム②は、実際の福祉現場で、近年、どのような変化があり、どのような問題が起きているのかについて、障害者福祉事業所の理事長を務める鶴が赤裸々に記述している。このなかで、福祉の市場化傾向のために福祉にかかわる国家資格保持者がソーシャルワーカーたりえないのではないかという重要な問題提起が具体的実例をあげつつなされている。読者のなかにはコラム②の内容が自分自身の職場でも見出される事実と共通していることを強く認識する者も少なくないのではないかと思われる。

　第7章（志賀信夫）では、改めて、ソーシャルワーカーが福祉労働者と福祉の担い手という2つの側面を同時に併せ持つことによって生じる問題を整理したうえで、生産性と効率性を中心軸にする福祉の市場化拒否と物象化の乗り越えのための議論が展開されている。前章までに国家の拒否、資本の条件形成の拒否なども議論されてきたが、本章では今後の福祉の具体的展望として、市場化、準市場化、自治の3つを検討している。これらのなかで、本章は自治の必要性を強調するが、それは究極的には国家の拒否であるし、資本の要請の拒否という要素も含むものでもある。

はじめに　iii

以上のようなさまざまな視点から構成される本書だが、ここで注意喚起して
おきたいことがある。それは、福祉にかかわる国家資格保持者全員が必ずしも
ソーシャルワーカーであるとはいえないということである。福祉にかかわる国
家資格保持者が、ソーシャルワークの定義に記載されているような社会変革等
の諸実践を阻害されている状態が一般化している以上、【国家資格保持者＝ソー
シャルワーカー】と即断するわけにはいかないからである。この点については、
本書執筆過程を通してすべての執筆者と共有してきたつもりである。
　上述の本書執筆者らによる共通認識に関して、あえてここで表明し、注意喚
起をしたのは、おそらく福祉関係者であろう読者の皆さんに次のように問いた
いからである。
　あなたは「ソーシャルワーク」できていますか？　その「ソーシャルワーク」
とは一体何ですか？

　本書は、執筆メンバーによって重ねられてきた研究会における議論をひとつ
の成果としてかたちにしたものである。この研究会は、福祉労働従事者の賃労
働者という側面について理解するために、人びとが賃労働者になるという社会
現象についての分析から始めた。とはいっても、社会福祉学領域を専門とする
者が中心となっている本研究チームだけではこの分析を遂行するのは不可能で
あった。したがって、この分析には、マルクス『資本論』第1巻を理論的根拠
とすることになった。
　かつては、孝橋正一の理論に代表されるように、社会福祉学領域の研究者で
あってもマルクスの理論を多く利用していた。しかし、特に近年以降、マルク
スの理論が社会福祉学関係の論文等で活用されているのを目にすることは非常
に少なくなっている。つまり、資本主義という社会構造から福祉をみていくと
いうよりも、既存の社会については疑義をさしはさむ余地のない所与のものと
し、福祉に関係する現象（生活問題）に対するアプローチが社会福祉学の中
心に据えられているのである。やや極端な言い方になるが、社会構造には手を
付けず、「課題を抱える人」へのアプローチを中心とし、その「課題を抱える
人」が支援者や地域の人びとともに課題を解決できるようにするための小手先

iv

のテクニックが重視されている傾向が見出されるのである。この小手先のテクニックではどうすることもできない問題を抱える人については、「支援困難事例」という一方的なレッテル貼りによって管理の対象としていく。このようなテクニック重視のアプローチにおいて「社会変革」「ソーシャルアクション」は、せいぜいのところ、制度・政策に修正を加えていくという程度のものが想定されているに過ぎない場合が圧倒的に多い。

　本書は、テクニックに終始すること、および制度・政策を修正すればいいのだという「制度主義」と呼ぶべきものからは距離をおいている。

　また、小手先のソーシャルワークはしばしば制度・政策の修正のための「政治へのアプローチ」を強調することもある（それすらも語られない場合も多いが）。確かにソーシャルワークは政治的性格から解放されることはなく、むしろ極めて政治的なものである。しかし、資本主義社会の構造を看過したまま語られる政治とは、すでに資本の自己増殖、経済成長というある種の政治性を無批判に受け入れていることになる。資本の自己増殖、経済成長という資本の要請を中心として編成された社会のなかでの福祉は、産業秩序の維持という目的を達成するためのひとつの手段となっている可能性もある。

　社会構造変革の視点のない政治変革の議論に終始するという態度は「政治主義」と呼ぶべきものであるが、これについても本書は距離をおいている。

　あえて、資本主義という資本を中心とする社会それ自体からソーシャルワーク、ソーシャルワーカー、福祉労働者等々の概念および現実を分析していくこと、ここに本書のオリジナリティがある。

　最後になるが、本書に対する批判は私たちも望むところである。

　いま現在、社会福祉とソーシャルワークにかかわる議論のなかで、資本主義社会批判から出発しているものはほとんどない。だからこそ、本書に対する批判と反批判が重ねられることを通して「ソーシャルワークとは何か」「ソーシャルワーカーとは何をなすべきか（何を拒否すべきか）」に関する問いが息を吹き返していくことを期待しているのである。

はじめに　v

目次

はじめに…………志賀信夫　ⅰ

第1章　社会福祉・ソーシャルワーク教育の可能性を歴史に求めて
―社会福祉教育の展開：戦前期から社会福祉士制度成立まで―

…………加美嘉史　1

はじめに　1

1　戦前期の社会事業教育―「非専門職」による社会事業　4

　（1）社会事業従事者養成教育のはじまり　4

　（2）「非専門職」中心の社会事業　5

2　戦後占領政策と社会事業教育の再始動　7

　（1）アメリカの占領政策構想と専門職養成の再開　7

　（2）短期間で策定された「社会事業学部設立基準」　9

　（3）ケースワーク導入をめぐる期待と矛盾　10

　（4）日本独自の教育体系の模索―「ソーシャル・アクション」の提起　12

3　福祉労働者の労働環境と資格化への動き　13

　（1）女性が支えた福祉現場―過酷な労働環境　13

　（2）「社会福祉士法」制定試案―資格化は労働環境改善をもたらすのか？　16

　（3）社会福祉労働論の登場と意義　18

　（4）ソーシャル・アクション、大学紛争の時代から職能訓練重視の
　　　　時代へ　19

4　社会福祉士制度成立の背景　21

　（1）民間活力導入と新たな資格制度の創設　21

　（2）社会福祉士の定義をめぐる問題　22

　（3）回避された議論　23

5　国家資格化は社会福祉教育をどう変えたか？　25

　（1）社会福祉教育の変容　25

　（2）消えた社会科学系科目とソーシャル・アクション　27

おわりに―社会福祉教育の可能性を求めて　29

第2章　ソーシャルワーク教育の現状と課題…………中野加奈子　37
　1　社会福祉士資格の現状　37
　　（1）社会福祉士が働く領域の多様性　37
　　（2）社会福祉士が従事する職種・職位の多様性　39
　　（3）「多様性」がもたらすアイデンティティ・用語の曖昧さ　41
　2　「国家試験」がもたらす弊害　43
　　（1）「労働の資格化」　43
　　（2）専門知に対する軽視　45
　　（3）国家試験としての課題　47
　3　社会福祉士がソーシャルワーク実践者（Social work practitioner）
　　であるために　49
　　（1）イギリスにおける SocialWork Action Network の活動　49
　　（2）社会福祉士養成課程の進む方向とは　52

第3章　ソーシャルワークと社会福祉労働…………日田　剛　55
　1　ソーシャルワーカーを取り巻く問題　55
　　（1）ソーシャルワーカーのモヤモヤ　55
　　（2）根本的な原因に踏み込む　57
　2　社会福祉労働者としてのソーシャルワーカー　58
　　（1）社会福祉労働者への視点　58
　　（2）ソーシャルワーカーの「労働者性」　61
　　（3）市場化のもとで商品にされる労働力　63
　3　疎外される労働（ソーシャルワーク）　67
　　（1）ソーシャルワーク労働者？　67
　　（2）疎外されたソーシャルワーク　70
　4　希望としての連帯　72

第4章　隣の国では!?
　　　　韓国ソーシャルワーカーの教育、実践、連帯と運動……孔栄鍾　77
　はじめに　77
　　（1）韓国の現況　77

（2）なぜ韓国に注目したのか　79

1　韓国ソーシャルワーカーの資格制度の歴史　80

（1）資格制度の導入　81

（2）社会福祉事業従事者から社会福祉士へ　82

（3）国家試験の導入　83

（4）職務・資格の多様化　84

2　韓国ソーシャルワーク教育の現局面　85

（1）初期のソーシャルワーク教育　85

（2）ソーシャルワーク教育の実践現場との乖離　86

（3）ソーシャルワーク教育への省察　88

3　韓国ソーシャルワーカーの連帯と運動　90

（1）福祉現場の変容　90

（2）ソーシャルワーカーの連帯と運動の契機　91

（3）「せばっさ」活動の展開とその意義　92

おわりに　95

第5章　「専門的」に、ではなく「反社会的」に⁉

—賃労働としての福祉労働と抵抗—………岡部　茜　107

はじめに　107

1　専門性への関心と「賃労働者性」への無関心　108

（1）専門性への信頼　108

（2）後景化する「賃労働者性」　110

2　どうしようもなく賃労働者であること　111

（1）資本主義国家を支える福祉労働　112

（2）賃労働者としての連帯　113

（3）しかし、専門性は連帯を阻害する？　114

3　「社会」福祉労働者よ、「反社会的」に！　117

（1）〈専門性〉への欲望を問う　118

（2）賃労働者の問題に立ち返る　120

（3）どうにかしてくれ、そして、ほっといてくれ！　122

（4）「社会」の収奪から逃げる……「資源化」に抗して　124

第6章　ソーシャルワークの拒否へ向けて…………桜井啓太　131

1　ソーシャルワーク Socialwork と支える手 hand　131

2　労働が大好き／Socialworkiswork　132

3　そんなにいいものではない　134

4　労働の拒否／ソーシャルワークの拒否　135

5　このようにソーシャルワークしない技術　138

6　だまってトイレをつまらせろ　141

　　【小休止　大阪市のプリペイドカード実験】　142

7　日常型の抵抗　144

8　ソーシャルワークに抗するソーシャルワーカー　146

おわりに―平手から握りこぶしへ　149

第7章　福祉労働者がソーシャルワーカーになるために……志賀信夫　159

1　問題提起　159

2　賃労働者としての福祉労働者　160

3　福祉の市場化・商品化　162

　　（1）技術と専門性　164

　　（2）効果測定・数値化による「部分人間」の抽象化　165

　　（4）福祉労働における物象化―相対する「部分労働者」と「部分人間」　166

4　福祉労働者がソーシャルワーカーになるために　168

　　（1）国有化　168

　　（2）準市場化　170

　　（3）「自治」―職場や労働市場における福祉労働者の自律　171

5　予想される批判に対して　173

6　自由・平等・所有そしてベンサム　175

おわりに…………加美嘉史　181

Column ①　筆者と「世界を変える社会福祉士」………김혜미（キムヘミ）　101

Column ②　福祉の市場化に飲み込まれる福祉専門職…………鶴　幸一郎　152

第1章

社会福祉・ソーシャルワーク教育の可能性を歴史に求めて
── 社会福祉教育の展開：戦前期から社会福祉士制度成立まで ──

加美嘉史

「大学が固定した時間割・カリキュラムを全部決めてそこに先生も学生も閉じこめるというのは近代のごく新しい大学のあり方です。近代的な大学の形式の良さも生かしながら、ときどき魂があくがれでるのにまかせて、そのように放浪に出るということ、また外の世界とさまざまにつながるユニットの集まりとしての大学ということをみなさんも考えてみるといいでしょう。」（山口昌男『学問の春』平凡社新書、2009年、37-38頁）
注：「あくがれる」とは「憧れる」の古語

はじめに

これからのソーシャルワークのあり方を構想する時、私たちはどのような視座で考える必要があるのだろうか。そのヒントは歴史の中にあると考える。ソーシャルワーカーは近代資本主義社会の形成とともに新たに誕生した「専門職」である。それはソーシャルワークが近代以降の国家機構と資本主義メカニズムのもとで形成されたことを意味する。そのためソーシャルワーカーの役割や価値も、単に技術や専門性だけを取り出してもその全体性を掴むことは難しく、社会構造との関係のなかで明らかにしていく必要がある。

ソーシャルワークの歴史では、その理論的起点を産業革命後のイギリスで生まれたセツルメント運動と1869年にロンドンに設立された慈善組織協会（COS）の活動に求めることが多い。COSではすでに19世紀末には訪問員の訓練のための組織的な教育を実施していたが、その活動はアメリカに移植されて広がり、近代的な専門職養成の教育的基盤を形成したとされる。アメリカではリッチモンドらが訪問員を対象とした訓練学校の必要性を訴えて1898年に「博愛事業夏期学校」が開設され、1904年には「ニューヨーク博愛学校」が設立

されるなど体系的なソーシャルワーカー養成教育の基盤を構築してきた（小松 1993：22）。

そうしたなかで1915年にボルティモアで「全国慈善・矯正会議（National Conference of Charities and Corrections）」が開催され、アメリカ・カナダの医学校の調査結果で注目を集めたエイブラハム・フレックスナーによる講演「ソーシャルワークは専門職か（Is Social Work a Profession?）」は行われた。

フレックスナーは、医師を専門職の完成モデルとして位置づけ、専門職（プロフェッション）の6つの属性（特性）── ①基礎となる科学的研究（基礎科学）、②体系的で学習されうる知、③実用的であること、④教育により伝達可能な技術、⑤専門職団体・組織の存在、⑥利他主義的─を提示した。これらの属性を満たしていることを専門職の要件とした場合、現段階ではソーシャルワーカーは「専門職に該当しない」と判定した（Flexner1915 ＝ 1974：83）。

フレックスナーの報告に衝撃を受けたアメリカのソーシャルワーク界は「専門職」としての属性（特質）を満たすことを目標に「技術」への傾斜を強め、理論構築と専門職業化運動を進めていくことになったとされる（小松 1993：29）。

その後、ソーシャルワーク研究者のグリーンウッドは論文「専門職の属性」（1957年）で専門職に必要な5つの属性── ①体系的な理論、②専門職的権威、③社会的承認（コミュニティの認可）、④倫理綱領、⑤専門職的副次文化（サブカルチャー）を抽出した。そして、ソーシャルワーカーはこれら5つの属性に多くの一致点を有しているため、「ソーシャルワークはすでに一つの専門職」だという見解を示した（Greenwood 1957 ＝ 1978：347）。

ここにソーシャルワーカーは自らを「権威ある専門職」と認定するに至ったが、それから間もなくソーシャルワーカーに厳しい批判の目が向けられる事態となった。アメリカではアフリカ系アメリカ人や移民など、激しい差別と貧困状態にあった人々の怒りが臨界点に達し、1960年代中葉に全米の数百にのぼる地域・諸都市で大規模な暴動が相次いで発生した。そしてソーシャルワーカーに対して「中間層的なイデオロギーに立った『専門』技術によって、実は、支配的な自助の原理の押しつけに加担している」という怒りの声がわき上がった（冷水・定藤 1977：203-204）。

それはソーシャルワーカーが差別や貧困状態を個人の責任とする価値観を押

しつけ、抑圧に加担しているという怒りであったが、その背景にはソーシャルワークが専門職としての承認と権威を求め、自らの関心を専門技術に集中する「専門家主義」に陥り、抑圧された人々との連帯や社会変革に対する関心を縮小させていった歴史があった。専門職としての承認と権威の追求は階級的分断を創り出したといえる。

その後、ソーシャルワークはこうした権力の独占を反省し、その批判を内面化する「反省的学問理論」として理論化を進め、利用者との協働者という位置に立つ一方、データに基づく権限をもつ専門家としての権威を保持している（三島 2007:173-180）。

ここまで簡単にアメリカにおける専門職化への歩みとソーシャルワーク専門職に対する民衆の激しい怒りの背景に触れたが、本章のテーマは日本の社会福祉教育と専門職化の歴史である。日本の社会福祉教育は、戦後の占領政策においてアメリカから強い影響を受けながらも社会福祉系大学などで独自性を持ちながら進められてきた。1970年代後半以降、職能訓練を重視するプラグマティックな専門職養成教育へと転換する政策的動きが始まり、1987年に社会福祉専門職の国家資格として社会福祉士・介護福祉士法が成立した。これにより国家試験方式が導入され、平準化・共通化された教育カリキュラムが確立した。

本章では社会福祉教育に関わる諸課題について、戦前から1987年に社会福祉士制度成立までの歴史に焦点をあて検討している。その際に社会福祉教育の動きを国家権力（政策主体）及び資本主義社会との関係性から捉え、社会福祉系大学の教育がそれらの影響を受けてどのように変容したのかを検討している。その一方で社会福祉系大学では地域の福祉現場や市民・当事者との協同による研究運動に取り組み、ソーシャル・アクションの学びを独自に展開してきた歴史があった。そのため本章では社会福祉教育におけるソーシャル・アクションや社会変革の位置づけや展開を視野に入れて検討を行っている。これら歴史的検討を通して、これからの社会福祉・ソーシャルワーク教育の展望と可能性を探っていきたい。

なお、2017年に日本社会福祉士養成校協会・日本精神保健福祉士養成校協会・日本社会福祉教育学校連盟が合併し、日本ソーシャルワーク教育学校連盟

（ソ教連）が結成された。ソ教連では全国の社会福祉士、精神保健福祉士、社会福祉教育を行っている学校を「ソーシャルワーク教育学校」と定義しているが、本稿は歴史的検討を行っているため主に社会福祉教育という用語を使っている。

1　戦前期の社会事業教育──「非専門職」による社会事業

（1）社会事業従事者養成教育のはじまり

　日本における社会事業教育の歴史では、1902（明治35）年に慈善事業に従事する職員養成の教育プログラムとして巣鴨の家庭学校に付設された2年制の慈善事業師範部が嚆矢されることが多い。また1918（大正8）年に開設された国立感化院・武蔵野学院における6か月の感化事業専従職員の養成コースなどもよく知られている（伊藤 1996:238-240）。

　国家機関が行う講習会では、1908（明治41）年から内務省主催で「感化救済事業講習会」がはじまっている。また1925（大正14）年からは中央社会事業協会を主催とし「第一回社会事業講習会」（1934年の第二回講習会から「社会事業中央講習会」に名称変更）が開催された（全社協九十年通史編纂委員会 2003:75-76）。

　戦前期で注目されるのは1928（昭和3）年に中央社会事業協会が「社会事業研究生制度」（社会事業従事者養成事業）を発足させ、1年間の専門教育を行う社会事業従事者養成教育がはじまった点である。背景には1925（大正14）年に道府県に社会事業主事及び社会事業主事補を配置する「地方社会事業職員制」が公布され、社会事業行政に携わる地方行政職員の養成が求められた事情があった。研究生の出願資格は大学または専門学校の卒業者とされ、社会事業主事（補）は社会事業行政の指導的役割を担うことが期待された。

　研究生制度は1939年から中央社会事業協会内の社会事業研究所に引き継がれ、1942年に「厚生事業研究生」へと改称されたが、同年に「地方社会事業職員制」が廃止されたため地方社会事業行政の専門職的機能は失われ、第17回研究生（1943年10月～1944年7月）で終了となった（日本社会事業大学

1986:63-64)。

第一次世界大戦後からは大学での社会事業教育が、仏教・キリスト教など宗教系大学を中心に開始された。1917（大正6）年に宗教大学（現在の大正大学）に社会事業研究室が設立、1919（大正8）年には東洋大学仏教科に感化救済科が設立され、1921（大正10）年には日本女子大学校に社会事業学部が開設され、東洋大学にも社会事業科が設立された。大学での社会事業教育はその後一定の広がりはあったものの、その教育機関は限られていた。

（2）「非専門職」中心の社会事業

このように戦前期は社会事業従事者の養成教育は規模・対象者とも限定的であった。その要因として戦前期は社会事業の中核的担い手が地域の有力住民や警察官らの中産階級層で編成された無給の名誉職「方面委員」であった影響が考えられる。

方面委員制度は全国各地で「米騒動」が発生した1918（大正7）年に大阪府で創設されたが、この時期は「都市民衆騒擾期」と呼ばれ、日露戦争後の「日比谷焼き打ち事件」から米騒動に至るまで大規模暴動が各地で続発した時期であった。資本主義社会の確立によって膨大な貧困が生み出され、資本と労働者階級の階級対立が激化するなかで方面委員は登場している。

方面委員制度は1928年には内地の全道府県に設置され、戦時期では約7万人が方面委員として活動に従事したが、その特徴は方面委員の日常的感性と「善意」にあり、経験がなくても着手可能な職務として「素人感覚」が重視された点にあった（菅沼 2005a:70-84）。

大阪府の方面委員制度を立案した小河滋次郎がモデルにしたのは無給の名誉職が救貧委員を担うエルバーフェルト制度であったが、当時のドイツではすでにエルバーフェルト制度から専門的な有給職員によるストラスブルク制度への切り替えが行われていた。小河はトラスブルク制度には濫救の弊害があると批判する一方、非専門職が担うエルバーフェルト制度は濫救の弊害を防ぎ、個別的で適切な救護活動ができると評価した（小河 1912:19-20）。

また小河は方面委員制度の類例として日本近世の相互扶助と地域支配の装置であった「五人組制度」を取り上げて評価し、それを「近代的新しき形式

を備へて復活」させたものが方面委員制度であると説明している（小河 1918：
4-23）。

　そして、大阪の約800人の方面委員は専門職ではなく全て「門外漢たる人々
のみ」であったにも関わらず「専門家」を凌駕する好成績を挙げていると高く
評価し、非専門職による社会事業の成功を称えている（小河 1924:41）。

　小河は、救療事業のような「複雑雑多なる社会事業」には科学の力や専門家
の働きは必要だが、そうした事業も専門家に独占される必要はないと述べてい
る（同上:40）。社会事業活動は専門教育を受けた専門職が独占するのではなく、
方面活動のような「凡人の手」＝非専門職に任せ、民衆化させることが「健全
なる社会国家の発達」をはかると主張している点は注目される。

　アメリカではフレックスナー報告（1915年）以降、ソーシャルワークの専門
職化のための理論構築と専門職業化運動が進められ、その動向は1920年代の
日本にも紹介されていた。その頃、日本では1918年の「米騒動」に加え、労
働者の生活改善を求めて各地で労働争議が勃発し、階級的対立が激化するなか
で国家権力は労働運動や社会主義運動への弾圧を強めていた。1923年には関
東大震災の混乱に乗じてアナキストの大杉栄・伊藤野枝が虐殺されたほか、労
働組合の指導者を虐殺する「亀戸事件」など権力による弾圧が激化し、1925
年には治安維持法が制定されている。

　こうした社会状況のなかで小河は激化する階級的対立を如何に緩和するかを
考えたといえる。そして「ミドル・クラスを本尊となり、ブルジョアとプロレ
タリアが脇本尊となり」（同上:20）という超階級的視点に立って、階級融和を
図る制度として方面委員制度を構想し、その役割を地域の中産階級で非専門職
の方面委員に求めたと考える。

　方面委員会制度では確かに有給の書記も雇用されてはいたが、その中核は無
給の非専門職であった。非専門職の登用は、社会事業の民衆化や「反専門職主
義」という側面だけでなく階級融和のためであり、その全国展開は国家による
地域統治の全面化の側面をみる必要がある。

　そうしたなか、1920年代から戦時体制に入るまでの戦前期に日本でもソー
シャル・ケースワーク研究が行われ、竹内愛二らによってケースワーク技術の
意義や社会事業教育の必要性が提示された。また、社会事業を資本主義社会と

の関連でその総体を捉えようとする社会科学的視点に立つ社会事業論の芽生え
も見られた。川上貫一は社会事業を超歴史的に理解することを批判し、その本
質を資本主義社会における支配階級による階級政策と規定し、社会事業の充実
と拡大には民主主義の徹底が必要だと論じた（川上 1931:65）。川上の「民主的
社会事業」や階級政策の視点は、言論弾圧と全体主義のなかで封殺されたが、
戦後の社会福祉教育のなかであらためて問い直されることになる。

2　戦後占領政策と社会事業教育の再始動

（1）アメリカの占領政策構想と専門職養成の再開

　戦前期社会事業は方面委員など非専門職が中核を担っていたが、第二次大戦
後の占領政策のもとで専門職養成と教育訓練を強化する方向へと舵が切られた。
　1945年10月、連合国軍最高司令官総司令部GHQ/SCAPが発足し、その一部
局として公衆衛生福祉局PHW（Public Health and Welfare Section）が設置され
た。対日福祉政策はPHW内に設けられた福祉課（Welfare Subsection）で進め
られることになった。アメリカはすでに大戦中から日本の救済制度の分析を進
め、日本の社会事業の重要な改革点として専門教育と人材育成をあげていた。
　アメリカ陸軍省が作成した『民政ハンドブック第16巻─公的福祉』（1944年
7月）では、日本の社会事業家の教育訓練は「大雑把で不十分」と低い評価を
下し、占領初期において「日本の人的資源を再利用する場合に、社会福祉訓練
をより拡大しより改善すること」を課題にあげている（菅沼 2005b:55）。
　また1945年8月にアメリカ外国経済局・敵国課が作成した『日本における
公的福祉制度と社会保障の管理』（民政ガイド）は「日本政府が救済の責任を回
避してきたこと、伝統的な隣保相扶に依拠してきたこと」という評価を下し、
「日本政府の救済責任の放棄と日本の低賃金構造」と「日本軍国主義と救済行
政との間に密接な関係」があると論じている。そして公的扶助政策に関する4
つの提案のひとつに「有能なソーシャルワーカーに対する需要の増大に見合っ
た人材を採用し、訓練すること」をあげていた（同上:61-66）。
　そうしたなか、日本政府・厚生省はソーシャルワーカーの専門的教育機関の

第1章　社会福祉・ソーシャルワーク教育の可能性を歴史に求めて　7

設置を急ピッチで進めていく。終戦から約1年後の1946年10月、中央社会事業協会を経営母体に日本社会事業学校が誕生し、1か年修了の研究科と公私社会事業従事者、民生委員の再教育を行う講習科が創設された。研究科の教育課程には、新たにケースワーク・グループワークなどの科目が加えられたが、「社会政策と社会事業」「社会政策史」など社会政策に関する科目が多く入り、講師陣には大河内一男、風早八十二といった戦前の中央社会事業協会の研究生制度時代の講師陣が並んでいた（日本社会事業大学四十年史刊行委員会 1986:442-443）。

日本社会事業学校は1947年4月に日本社会事業専門学校に改編し、修業年限3年の本科が開設されたが、ここでも第1・2年次に社会問題、社会政策、歴史など社会事業を社会科学的に理解するための科目が多く配置された。カリキュラム編成は「アメリカの影響というより、戦前の社会事業研究生の教育課程の特質を継承するという側面がずっと強かった」といわれている（同上：82-84）。

ただし、それはGHQが専門職教育の改革に無関心なためではなかった。GHQは1947年5月に公衆衛生福祉局（PHW）の福祉課に社会事業訓練係（Social Work Training Branch）を設置して指導体制を整備し、専門教育改革を進めていくことになる。

そして、1947年8月にアメリカ社会保障制度調査団が来日し、翌年7月に日本の社会保障制度の現状分析と勧告「社会保障制度への勧告」（ワンデル勧告）がまとめられた。

ワンデル勧告はアメリカの対日福祉政策の考えをよく映し出している。ワンデル勧告では「如何なる社会保障計画においても、その基礎をなすものは、公共扶助である」と述べ、社会保険よりも生活保護中心の社会保障構想を示した。そして1946年に制定された旧生活保護法を「幸いにして連合国最高司令部の努力により、日本国民は、最も進歩せる型として考へられている、包括的な無差別の扶助制度を有している」と高く評価した（社会保障研究所編 1966：38）。

しかし、坂寄はGHQの社会保障政策の特徴を「転落してしまった生活困窮者に対して救済措置をとる」ことにあり、「生活破壊が社会不安に転化しない

程度」に勤労大衆の生活維持を考えていたと指摘している（坂寄 1959:105）。敗戦後の食糧不足や栄養失調、餓死の広まりが社会不安に発展し、占領政策に影響を及ぼすことを恐れていたアメリカは予防的な社会保障よりも生活困窮者対策を重視していた。GHQが生活保護制度とそれに関わる専門職員の教育訓練を重視した背景にはこうした政策的ねらいがあったといえる。

　1949年に社会保障制度審議会は「生活保護制度の改善強化に関する勧告」を提出し、生活保護実施にあたる職員は「資格を有する職員」が担うことを勧告した。同年11月のGHQ公衆衛生福祉局・厚生省合同会議「体系整備のための6原則」において「専任有給吏員の任用」の推奨、及び生活保護、児童福祉など公的責任として実施される行政プロブラムから民生委員の除去が示された。そして、1950年の新生活保護法制定に伴って有給専門職員の専門職として「社会福祉主事」が制度化され、社会福祉主事は各自治体の福祉事務所に配置され、現業員と称して国家─地方自治体の官僚機構の末端に組み込まれながら、ケースワーク業務を担うことが期待された。

（2）短期間で策定された「社会事業学部設立基準」

　GHQが1947年5月に公衆衛生福祉局（PHW）の福祉課内に設置した社会事業訓練係の初代担当者はD・ウィルソンであった（小池 2007:40）。同年6月、ウィルソンは日本社会事業専門学校や戦前に社会事業教育を行っていた大学の社会事業教育関係者らを集め、「大学に於ける社会事業学部設立基準設定に関する委員会」が結成された。委員会では社会事業教育の設置基準に関する議論を行い、約2か月後（8月14日）に「社会事業学部設立基準」（設立基準）が採択された。

　基準では社会事業学部で履修する科目を一般教養科目、専門科目の2種に分け、専門科目として、①処置部門・16単位以上（医学、精神衛生、社会衛生、児童福祉、特殊児童問題、ケースワーク、グループワーク、生活指導）、②行政部門・10単位以上（社会事業概論、社会立法、社会事業組織、労働問題等）、③調査部門・6単位以上（社会調査、社会統計等）、④実習・6単位以上、という4部門を配置した（大橋 1990:36-38）。

　設立基準のカリキュラムは日本社会事業学校の教育課程から大幅に変更されており、アメリカ型ソーシャルワーク教育の影響を窺うことができる。

しかし、ウィルソンは1975年の吉田久一との対談で、設立基準のカリキュラム策定について「こういう種類のカリキュラムでもって指導すべきだとか、ということは一切考えなかった」と回顧している。その理由は「これは日本の人が日本のニードに従って考えるべきこと」であり、大事なことは「女性を含めて若い人たちがその社会のリーダーシップをとって専門家として育っていって、地域社会のニードをくみ上げて、その解決をはかる。」ことであり、ソーシャルワーカーが「リーダーシップをとれるような専門教育の制度」をつくることを考えていたと述べている（吉田・一番ケ瀬 1982：182-183）。

　しかし、設立基準はアメリカの社会事業大学院で実施されていた「基礎8科目」（basic eight）を「ほとんど模倣したもの」だとも指摘されている（Tatara 1997:141）[1]。

　「基礎8科目」とは1944年にアメリカソーシャルワーク学校連盟（AASSW）がカリキュラム基準として設定し、ケースワーク、グループワーク、コミュニティ・オーガニゼーション、社会事業行政運営、社会調査、公的扶助、医学知識、精神医学知識の8科目であった（伊藤 1996:114）。設立基準にもケースワーク、グループワーク、社会調査、医学など「基礎8科目」の多くが組み込まれている。カリキュラム編成にGHQの直接的指示はなかったとしても占領下という状況においてその影響は避けられなかったと考えられる。

　アメリカ社会事業の歴史的特質について十分な議論を行う時間もないなかで設立基準は極めて短期間で採択された。1947年11月、大学基準協会において「社会事業学部」設置が正式に認められ、1948年に日本女子大で社会福祉学科が開設されるなど、各大学で社会事業学科、社会福祉学科が再建・設置されていく。1954（昭和29）年には「国際社会事業学校連盟」の日本支部として「日本社会事業学校連盟」が設立され、1966（昭和41）年末に加盟校は29大学に達した（木田 1967:400）。

（3）ケースワーク導入をめぐる期待と矛盾

　1948年8月、ウィルソンに代わって福祉課の社会事業訓練係に配属されたのがF・ブルーガーであった。ブルーガーが同係に着任した1948〜1950年は、アメリカ・ソ連の東西冷戦を背景に占領政策は「民主化」路線から「反共」主

義と再軍備化という「逆コース」を辿った時期であった。GHQは「反共」を旗印に大学に対する介入を強め、ブルーガーも日本社会事業専門学校教員の山崎寛が自室にレーニンの写真を掲げていたという理由で辞職に追い込んでいる（小池 2007:119-120）。

　ブルーガーは日本の社会事業教育が社会政策論や社会問題に偏重し、ケースワークや個人を軽視しているという印象を持っていたとされる（同上:116-119）。ブルーガーはケースワークを「社会事業家の凡ての訓練の基礎をなすものである」と位置づけていた（ブルーガー 1950:128、137）。彼女は行政職員や民生委員に対して「人格の発展と自己発揮」という観点から援助者として態度の変容を求めた（Tatara 1997:192-193）。

　日本の社会事業関係者の中にもアメリカ型のケースワーク技術導入に肯定的な考えを示す研究者は少なくなかった。小川政亮は、公的扶助におけるサービスについて「我国のように官尊民卑的な封建的な、絶対主義的な気風の強く残存しているところではいくら強調しても足りない位に、その意義は高い」と述べている（小川 1953:28）。小川は生活保護法の援助過程を担うケースワーカーが申請者や受給者の「権利を守る」方向にサービスを推し進めるという観点からケースワークに期待を寄せていた。

　他方、岸勇は生活保護制度から「労働者階級はその窮乏にも拘らずほとんど閉め出され」ており、その利用が「被救恤的窮民や寡婦に限られている」問題を指摘し、ケースワーク技術の導入によって個別的処遇を強調することが「反って個別的方法そのものをそして公的扶助の運営自体を空転させている」とケースワーク導入を批判した（岸 1951:55）。岸の主張は、窮乏する労働者階級が生活保護から排除されている問題や「生理的最低生活」水準に止められた低劣な保護基準といった生活保護行政の根本的問題を隠蔽するためにケースワークが利用されていることを問う鋭い指摘であった。

　戦前・戦時期日本を覆った「全体主義」的思想を克服し、戦後社会を西洋型の「個人の確立」による「近代的個人」にもとづく民主主義社会を建設するためにケースワーク思想に期待を寄せる関係者は少なくなかった。他方、現実の生活保護行政においてケースワークが「自立助長」の名目で要保護者を保護から閉め出す機能を果たしている問題が明らかになるなど生活保護制度へのケー

スワーク導入をめぐる矛盾が生まれていた。

（4）日本独自の教育体系の模索——「ソーシャル・アクション」の提起

そうしたなか孝橋正一は、アメリカ社会事業が「社会改良」よりも「技術的方向に開花」した点に着目し、日本への移植については「利用と効用の限界を見定めておかなければならない」と述べ、そして、技術的過程への偏重は社会事業の社会的性格を忘却し、「転倒した認識」に陥ると指摘した（孝橋 1950:43-45）。

同時に孝橋は社会事業が環境への個人の適応あるいは環境における人間の調整を重要な一面として持っている以上、第一に「アメリカ社会事業に学んで、高度に発展したその技術的過程を吸収、習得する」必要があるとも述べ、その意義を評価している。その上で社会事業教育の地盤になる基礎的科学は主に政治学、法律学、経済学などの社会科学に求めなければならないとし、アメリカモデルの社会事業教育とは異なる社会科学を基盤とした日本型の教育体系構築の必要性を提起した。そして、このような社会事業教育を受けて育成された「職業社会事業家」の実践を「技術と社会改良と社会運動の主体的統一」と位置づけていたことは注目される（同上:99-101）。

孝橋が社会科学を基盤とする専門教育の構築を提起した念頭には「ソーシャル・アクション」があったと考えられる。孝橋は著書『社会事業の基礎理論』（1950年）でソーシャル・アクションを「社会的行動」と訳し、それを「社会的に望ましい目的のために世論をよびさまし、立法的および行政的措置を講ずるよう計画された組織的・合法的努力」と紹介した。そして「社会的行動は、民主的社会において、社会事業活動を究極的・効果的に展開することのできるための社会事業家の重要な機能の一つ」としてソーシャルワークの中に位置づけた（同上:81-82）。

その際、孝橋はソーシャルワーク分類法の「六分法」（ケースワーク、グループワーク、コミュニティ・オーガニゼイション、社会事業管理、社会事業調査、社会的行動）を用いることで「社会的行動」をソーシャルワークのひとつに位置づけた。しかし、「六分法」は当時のアメリカで一般的承認を獲得した分類とはいえず、当時の専門職団体の公式的見解はソーシャルワークにソーシャル・アクションは含めない「五分法」を採用していた[2]。

孝橋も「社会的行動」は「ときには社会変革の実践方法ではあっても社会事業の方法ではないとして拒否され、またときには"社会事業に対する基礎的確信からの論理的必然"として承認されている」と説明している（同上:103-104）。ソーシャル・アクションの微妙な位置づけは認識していたが、それでも「六分法」を用いてソーシャル・アクションを位置づけようとした背景には、当時の職と食を求める人々の貧困状況とその解決を求める社会運動の勃興といった社会情勢のもと、これら社会問題を克服するための実践方法としてソーシャル・アクションを重視したと考えられる。

また『社会事業の基本問題』（1954年）では「敗戦後の日本におけるようにほとんどすべての社会的困難が環境的な悪条件からもたらされ、そうでなくとも伝統的に環境的諸条件のうむことのない改善への努力こそが、この国の社会事業におわされた任務である」と述べている。そして新生活保護制度の現状として「実質的に生活困窮者の最低生活を保障していない事実のあるとき、この国家扶助基準の引上げのための努力よりも、あたえられた最低生活以下の水準で心理的・精神医学的ケース・ウォークによって、自立を助長するということはナンセンスにすぎない」とケースワークによる自立助長の問題点を指摘している（孝橋 1954:75）。

孝橋は生活保護制度が機能せず、多くの人々が貧困状況に置かれている社会を変革する方法としてソーシャル・アクションに着目し、社会事業にソーシャル・アクションを位置づけることで日本独自の社会事業を構想しようとしたと考えられる。なお、ソーシャルワークの「六分法」は1987年の国家資格化に伴って社会福祉士養成カリキュラムが登場するまで用いられ、ソーシャル・アクションはソーシャルワークのひとつとして、1960 ～ 70年代を中心に一定の注目を集めた。

3　福祉労働者の労働環境と資格化への動き

（1）女性が支えた福祉現場——過酷な労働環境

日本社会は1950年代後半から高度経済成長期を迎えるが、経済成長第一の

政策はさまざまな社会問題を生み出した。その一方でこれらの社会問題に対して地域住民主体の運動が高まりを見せたのもこの時期であった。

朝日訴訟運動（1957〜1967年）では、生活保護基準と最低賃金の関係性が焦点となり、広汎な労働者と連動して運動は展開された。また「保育所づくり運動」（1950年代）では自らの生活を支えるために働き続けなければならない「母親」と「保母」が協同した運動が展開された（横山ほか 2011:67）。

「保育所づくり運動」の背景には高度経済成長期における「専業主婦」の賃労働者化があった。女性労働者数は1955年の492万から1960年には802万人、1970年は1086万人へと高度経済成長期に急増した（総理府「労働力調査」）。その背景には農民層の賃労働者化とともに「専業主婦」をパートタイム労働者として活用する高度経済成長の資本蓄積を実現するための労働力政策があった。

そして、女性の賃労働者化を進めた背景には住宅費や教育費の家計圧迫があった。高度経済成長政策として住宅所有（＝持家）を社会標準システムとする政策が推進され、住宅ローンが家計を圧迫する構造がつくられた（平山 2009:23）。住宅や教育の市場化・商品化が進み、家計負担が増大するなかで、家計を維持するために専業主婦が低賃金のパートタイム労働者となる共働き世帯が増大した。

その結果、専業主婦が育児・介護のケア労働や家事労働を無償労働で担う構造に変化が生じ、保育や介護の社会化を求める声が高まっていく。そして、保育所や老人ホームといった社会福祉施設が求められた。「保育所づくり運動」もこのような背景のもとで広がっていった（**表1**）。

しかし、社会福祉施設での労働は低賃金かつ過重労働という労働環境で、将来展望が描けずに転職を希望する者が多いのが実態であった。1963（昭和38）年に東京都社会福祉協議会が民間社会福祉施設従事者を対象に行なった調査「東京都社会福祉事業従事者の実態」（民間施設）によると「職場変更希望の理由」で最も多い理由は「給与が低い」（32.9％）であった。次いで「将来の身分保障がない」23.9％、「勤務時間が長い」12.4％など、労働環境の劣悪さがその主な理由となっている（鷲谷 1978：132）。

1966（昭和41）年に社会福祉事業振興会が社会福祉施設職員退職者共済の職員を対象に実施した調査（325施設、3776人が対象）では、社会福祉施設の平均

表1　社会福祉施設従事者数の推移（昭和31年〜41年）

	在所者数			従事者数		
	昭31	36	41	昭31	36	41
総　数	808,320	876,052	1,056,510	89,491	106,222	145,057
保護施設	77,230	75,200	25,201	8,766	9,735	3,179
老人福祉施設	—	—	58,585	—	—	10,700
身体障害者更生援護施設	2,810	3,558	5,450	1,278	1,878	2,699
精神薄弱者援護施設	—	395	5,877	—	158	1,611
婦人保護施設	—	1,382	1,286	—	431	464
児童福祉施設	704,294	775,661	940,732	78,137	91,875	122,217
重症心身障害児施設	—	—	537	—	—	418
その他の社会福祉施設	23,986	19,856	18,802	1,310	2,145	3,769

注：保護施設には、医療保護施設を含めていない。
　　その他の社会福祉施設には、無料低額診療施設を含めていない。
　　児童福祉施設には、在所者数については、助産施設、母子寮を含めていない
資料：厚生省「社会福祉施設調査」
出所：鷲谷善教（1978）『社会福祉労働者』ミネルヴァ書房、35頁。

賃金は全産業労働者の平均賃金の約4割という低賃金であった（同上:111-115）。

　これら社会福祉施設の従事者の大半は女性であった。過酷な労働環境は女性の健康をも破壊し、福祉現場で働くことを困難にしていた。1960〜70年代頃に行われた「保母」の調査では腰痛など職業性疲労蓄積による疾患の広がり、さらには流産・異常出産といった深刻な「母性破壊」の実態が報告されている（西垣 2014）。

　高度経済成長期に女性労働者が急増、賃労働者化したが、竹中恵美子はその職種には偏りがあり、男子とは異なる「婦人に特有なまた圧倒的に婦人が雇用されている分野がはっきり存在している」と指摘している。特に「婦人が圧倒的比重（85％以上）を占める職種」として、①生産、販売、サービス業の技能的な単純労働職種、②保健婦や助産師など「女子に特有な専門職」の14職種をあげている。竹中のいう「女子に特有な専門職」のひとつが女性の比率が93.4％を占める「舎監、寮母、保母」であった（竹中・西口 1962:122-123）。「寮母」という用語は今日では用いないが、今日の社会福祉施設等のケアワーカーが該当すると考えられる。

　また、「女子に特有な専門職」は極端に賃金が低いが、専門職のなかでも特

に「婦人に特有な職種と低賃金の関係を如実にしめすもの」として民間保母の賃金差別構造を指摘している（同上:128-131）。

　こうしたなか福祉労働者の過酷な労働環境の改善を求める労働組合運動の新たな展開も見られた。1953（昭和28）年には民間の社会福祉労働者を中核とする全国的労働組合「日本社会事業職員組合」（日社職組）が結成された。しかし、労働組合加入者はごく一部に止まり、「民間社会事業従事者の組合組織はほとんど未開拓」という状況であった（鷲谷 1967:414-415）。

　背景には福祉現場における「聖職論」の影響に加えて、労働者の多くが女性で仕事と家庭という二重の役割を担わざるを得ないジェンダーの構造的差別があった。性別役割分業の価値観のもと、女性労働者は少ない職員配置での過重な福祉施設での賃労働、そして家庭では家事労働、育児・介護という「影の労働」（無償労働）に追われ、労働運動への参画や声をあげることは困難な構造がつくられていた。

（2）「社会福祉士法」制定試案──資格化は労働環境改善をもたらすのか？

　福祉現場における労働運動の難しさは、労働環境の改善を労働組合運動や社会連帯に求めるよりも、その改善を資格化・専門職化によって図ろうとする方向へ向かわせる作用を促進させたと考えられる。

　1962年に東京都社会福祉協議会民間社会福祉事業従事者処遇調査委員会は「資格基準に関する小委員会」（中間報告）で「社会福祉士制度要綱」試案が発表された。これは大学および講習会による専門科目の学習、現業従事経験者のレベルに応じて「社会福祉士」資格を与えるという案であった（秋山 2007a:25）。また1967年の日本医療社会事業協会の総会では「医療社会福祉士法案」を作成することが承認され、翌年5月の総会で同法案が採択され、議員立法化運動を行うことが決定された（日本医療社会事業協会 2003：59-60）。

　そして1969（昭和44）年11月、中央社会福祉審議会は厚生大臣からの諮問を受けて「社会福祉職員問題専門分科会」を設置し、専門分科会に起草委員会を設けて専門職化の検討を行い、1971（昭和46）年11月に「社会福祉士法」制定試案（社会福祉専門職員の充実強化方策としての社会福祉士法制定試案）が公表された。

社会福祉士法制定試案の序文『社会福祉職員専門職化への道』は「社会福祉事業の死命を制するものが、その担い手である職員、特に対象と直接かかわる面での処遇を担当する職員の質」であると述べ、「この領域に質のよい職員を量的にも十分に獲得する」ことが困難になっているため、社会福祉領域の全分野を包摂する専門職制度の確立が必要だと論じている。

　制定試案では「直接処遇職員のうち、ソーシャルワーカー、養護職員、保育職員などを包括する社会福祉従事者」を「社会福祉士」と称し、教育と現業経験のいずれか、又は両者を噛み合わせて一定の資格基準を設けた名称独占の資格制度として提案された（仲村 1980=2002:168）。

　制定試案では医療SW、学校SW、司法SWを含むソーシャルワーカーに相当する職員の基礎資格基準は「一種」、養護職員、保育職員に要求される基礎資格基準は「二種」とし、社会福祉士を「ソーシャル・ワーカーを中心とする公私の社会福祉専門職者を包括的にとらえる専門職」と位置づけた。

　制定試案の是非をめぐり関係団体で議論が行われた。日本社会福祉学会は1972年の『社会福祉学』（第12号）で社会福祉士法制定試案に関する特集を組み、研究者、現場関係者の試案に対する提言を掲載している。そのなかで積惟勝は、施設職員が「職員として、労働者として、その人権も守り得ないような、最悪な労働条件」に置かれているが、それは「最低基準が余りにも旧態依然」で措置費が少なく、職員増が出来ないためであると述べ、民間施設職員の給与の低さへの改革を提言した。そして、これらの改革がなされたら必然的に「施設現場における職員の専門性は質的に高ま」り、資格という「形式的な枠組のなかで与える専門性」よりも現実的な実践性を培うことが出来ると述べている（積1972:96）。

　また保育現場の視点から川原佐公は、保育労働は仕事の対象が人間であるために「どんなに労働条件が悪くなろうとも手をぬくことができない性質」があるとその特質を述べ、劣悪な労働条件が「保母の心身をすりへらし、日々の疲労の蓄積で健康をむしばみ、研究心は勿論のこと、仕事への意欲すらうすれさす」と指摘する。そのため保育士が人間的に成長し、明日の保育のあり方を「考える時間」を保障することこそ専門職確立の前提条件だと論じている（川原 1972:99-100）。

第1章　社会福祉・ソーシャルワーク教育の可能性を歴史に求めて　17

そして、日本社会福祉学会は「必要なのは労働条件を規定している最低基準、措置費、施設運営要領等の改善」であり、社会福祉士が誕生しても「社会福祉の質の向上、そのための待遇改善」が図られるわけではないという見解を示した（日本社会福祉学会 2004:151-154）。

　制定試案は「時期尚早」「反対」等の意見が多くの関係者から示され、1976（昭和51）年5月に白紙還元となった。資格化に対して関係者から慎重な意見が出されたが、共通していたのは福祉労働者の労働環境は資格化・専門職化では解決されないという認識であった。そこには、ケア労働の低位な労働条件は資本主義社会の構造的問題によるものであるため資格化による改善には限界があるという認識があったといえる。

（3）社会福祉労働論の登場と意義

　福祉労働者の労働環境と資格化をめぐり議論が行われるなか、当時の福祉現場に少なからず影響を与えた理論が「社会福祉労働論」（福祉労働論）や「社会福祉運動論」であった。福祉労働論は社会福祉の仕事を従来の「聖職論」や専門技術という狭い観点から捉えるのではなく、資本主義社会における資本－賃労働の生産関係に規定を受けた労働として捉える視点を提示した。

　真田是は、福祉労働の社会的機能を「資本主義社会であるがために存在する社会的機能」と「資本主義社会を維持するという社会的機能」という「二面性」という観点で捉えた。そして福祉労働の機能に「資本主義の維持・補強」としての側面があらわれるのは、その労働を支配・掌握しているのが「資本家とその国家であり政策主体」であることを明確に示した（真田 1975=2012:81-82）。

　また、こうした福祉労働の機能には「政策主体が福祉労働を掌握する手段として専門性を逆手にとって利用すること」があると述べ、政策主体が資格制度を「労働者支配」に利用する問題を提示している。政策主体による「労働者支配」とは、①資格制度を通して「専門職」としての特権意識を持たせ、労働者を権力・資本の側に引きつけ、②労働者間に競争と分断を持ち込み、全勤労者・労働者との連帯と団結を困難にさせる方法によって「労働者支配」を貫徹させるという指摘であった（同上:18-19）[3]。

　福祉労働論は専門性と資格制度が権力に利用され、労働者間の分断を生み出

す危険性を提起したが、1970年代末ごろから「福祉見直し」を国が唱え、住民運動や社会福祉運動が後退していくなかで福祉労働論も徐々に影響力を失っていく。福祉労働論が示した資本主義社会や政策主体の意図を捉える社会構造的視点は後景化され、社会福祉を民間活力導入やマンパワー確保、ケアマネジメント論といった観点で論じる潮流が主流化していく。

　社会福祉教育における福祉労働論の意義は、ひとつには社会福祉を「資本－賃労働」という資本主義的生産関係のもとで、資格制度を通した「労働者支配」の意図に絡め取られずに、福祉労働の専門性を確立するためにはどうしたらいいのかという問いに対し、専門性の中身を「狭い技術」に当てはめるのではなく、「社会福祉を科学的につかむ力、そのための社会科学の素養」が重要であることを提示した点にあったと考える（同上:19-20）。

　国家・政策主体は福祉専門職に何を求め、資格制度をどのように利用しようしているのか？　人々が分断された今日の状況にあって福祉労働者と広範な労働者階級の連帯はどうすれば可能なのか？　福祉労働論をあらためて読み解き、今日的視座から福祉労働論を構想する必要がある。

（4）ソーシャル・アクション、大学紛争の時代から職能訓練重視の時代へ

　社会福祉運動や福祉労働論が活発に展開された1960〜70年代は、社会福祉教育においてソーシャル・アクションが注目された時代であった。日本社会事業大学では1960年に科目として「ソーシャルアクション」が開講されたほか、「コミュニティ・オーガニゼーション」の科目でも「保育所づくり運動」などが積極的に取り上げられた（横山ほか 2011:55、82）。保育所づくり運動や障害者運動など地域住民主体による運動は、社会福祉教育に影響を与えていた。

　広範な労働者階級が連帯して展開された「朝日訴訟」運動は、社会福祉を学ぶ学生の間にも広がり、1961年に日本社会事業大学の学生たちによって「朝日訴訟を守る会」が結成されている（同上:56）。朝日訴訟の支援活動は社会福祉系大学に広がり、学生主体の「全国学生朝日さんを守る会連合会」が発足するなど大学を超えた運動として展開された。

　学生運動の高揚は1960年代末〜70年代初頭に大学紛争となり、社会福祉系大学でも大学封鎖が起こった。厚生省の委託制度で運営されていた日本社会事

業大学では、大学封鎖からの再建に向けた過程で「厚生省の意向が封鎖以前と比べて強く反映されるようになっていった」とされる（横山ほか 2011:130）。

1975年3月、厚生省社会局の私的諮問機関である社会福祉教育問題検討委員会が設置され、「社会福祉関係者養成の基本構想」と「日本社会事業大学の教育のあり方」についての検討がはじまり、翌年7月に「社会福祉教育のあり方について・第二次答申」が発表された。

第二次答申では、社会福祉施設の機能分化・専門化を前提に実務的能力を備えた専門職員養成のための教育カリキュラム編成を行うこと、実習教育を社会福祉教育の中心に置き「専門教育の総授業時間数の概ね三分の一程度」を実習に割くなどを示している（日本社会事業大学 1986:268）。

この答申について京極高宣は1971年の社会福祉士法制定試案の発想が改められ、「生活指導員等、直接処遇職員の職務分担の明確化の必要性が強調され、ソーシャルワーカーとケアワーカーの新たな区別がなされるようになった」と評価している（京極 1998:66）。こうした職務分担の考えは、1987年の「社会福祉士及び介護福祉士法」における社会福祉士（＝相談援助）と介護福祉士（＝介護）という専門職種の機能分化へと引き継がれていく。

さらに1976年11月、厚生省の附属機関である中央社会福祉審議会は「社会福祉教育のあり方について（意見具申）」を厚生大臣に提出し、「高度の職務能力を付することに重点をおいた社会福祉教育のあり方並びに実習の強化を含む養成カリキュラム編成の基本方針に沿って対処すべき」として、社会福祉系大学に答申の推進を求めた。

こうした動きに大学側はどのように対応したのか。福祉系各大学の当時の動向は不明だが、日本福祉大学では1977年4月に全学教授会で答申に対する「見解」を発表している。見解は「各社会福祉系において現場実践との交流、民間研究運動の成果等によって現在までに豊富な実績が積み重ねられ、その成果は大学教育にも反映されている」にも関わらず、「このような成果を無視し、既存の社会福祉系大学が全く新しい状況に対応していない」としている答申の認識は「大きなあやまり」だと批判した。

そして、社会福祉教育に求められるのは「国民の要求を正しくとらえ、これにこたえる科学的な資質及び能力を養成すること」であり、それは「現場で働

く人々と研究者の努力によって創りだされるもの」であること。その教育は「個別の技能修得に偏した教育ではなく、基礎科学を重視し、教育、医療等関連諸科学の成果を総合的にふまえた科学的な専門教育でなければならない」と言及している（「社会福祉教育問題検討委員会答申『社会福祉教育のあり方について』に対する日本福祉大学全学教授会の見解」）[4]。

　国は社会福祉施設における機能分化・専門化論を背景に高度な実務的能力を備えた専門職を養成する教育カリキュラム編成を求めて、教育機関への介入を行った。その背景には大学紛争で混乱した秩序を取り戻すために大学教育の管理を強化するとともに、社会福祉学をプラグマティックな専門教育へと転換させる意図があったと考える。1970年代後半以降、社会福祉教育において職能訓練重視の専門職教育へ転換する動きが始まったといえる。

4　社会福祉士制度成立の背景

（1）民間活力導入と新たな資格制度の創設

　1973年のオイルショックを境に低成長期に移行し、国は社会保障の財源は負担と見なし、その見直しを求めるようになった。1970年代末に「日本型福祉社会」論が登場し、1981年発足の第2次臨時行政調査会（臨調）において国民負担率の低位抑制、自立自助と家庭・近隣・職場等の連帯と相互扶助、民間活力を基本にした「活力ある福祉社会」が提起された（横山 2003:186）。この民間活力導入の柱が営利企業によるシルバーサービスの拡大であった。

　民間活力導入（公共サービスの営利化・市場化）を推進するという国家政策の観点からシルバーサービスを拡大するために「シルバーサービスに従事する者の資格制度」の創設が求められたのであった（福祉関係三審議会合同企画分科会「福祉関係者の資格制度について（意見具申）」1987年3月23日）。

　そして1986年8月、社会福祉研究者9名で構成する「社会福祉教育懇話会」は「社会福祉専門従事者の教育および資格に関する提言」を発表し、「社会福祉の研究教育、そしてその実践にかかわる水準向上のためには専門職確立問題が肝要である」と述べ、社会福祉系大学に社会福祉従事者養成のガイドライン

作成、実習教育体制の重視を提言した。そして現行の社会福祉主事の職員資格要件を発展的に解消し、新たに「ソーシャルワーカー」（仮称）という専門職制度を求める提言がなされた。

また同年8月に国際社会福祉会議（東京）の事前企画として国際社会福祉会議大阪セミナーが「社会福祉専門職制度の比較研究」のテーマで開催され、「わが国の資格制度の遅れが際立って目立っていること」が指摘された（秋山2008:15）。ただし、大阪セミナーの報告書を検討した北村は、日本にソーシャルワーカーの資格制度がないことへの諸外国からの批判的指摘は「自発的になされたものかといえば、必ずしもそうとはいえない」と述べている。それは実際にセミナーで日本の資格制度の欠如を繰り返し強調していたのは資格制度化を強く支持する日本側の報告者やパネリストであったためであった。北村は「厚生官僚や会議の企画者が、資格制度のない日本の現状は国際的にみても問題がある」というコメントを外国人参加者の口から引き出すために「国際会議を利用した」と指摘している（北村 1989:188）。

民間活力導入を推進する国家政策を背景に厚生省主導で資格化への動きが加速し、1987年1月7日に斎藤十朗厚生大臣（当時）は福祉・医療分野に新たな資格制度を導入する方針を発表した。それに対して日本社会事業学校連盟はすぐに「社会福祉関係者の資格制度の早期実現に関する決議」をあげて厚生省の動きを評価し、その支援を表明している（秋山 2007b:76）。

（2）社会福祉士の定義をめぐる問題

福祉関係三審議会合同企画分科会が提出した「福祉関係者の資格制度について（意見具申）」（1987年3月23日）は、シルバーサービス従事者の新たな資格制度として社会福祉士と介護福祉士という資格を提起し、社会福祉士は「ソーシャルワーカー」、介護福祉士は「ケアワーカー」と併記している。

そして、社会福祉士の定義を「社会福祉士の名称を用いて、専門的知識及び技術をもって、身体上又は精神上の障害があること等により、日常生活を営むのに支障がある者の福祉に関する相談に応じ、助言、指導等を行うことを業とする者」とし、社会福祉士は「相談援助」を行う専門職として位置づけた[5]。しかし、この定義はソーシャルワーカーの国際的定義とは乖離したものであっ

た。

　1982年に国際ソーシャルワーク連盟（IFSW）が採択した「ソーシャルワークのグルーバル定義」では、ソーシャルワークは「社会一般とその社会に生きる個々人の発達を促す、社会変革をもたらすことを目的とする専門職である」と定義し、その中核的理念には社会変革が据えられていた。しかし、社会福祉士にはそのような役割はなく、国際的なソーシャルワーカーの定義とは大きな乖離があった。

　そうしたなか、1987年4月21日に政府提案「社会福祉士及び介護福祉士法」が国会提出され、5月26日に公布された。大臣記者会見からわずか4か月で社会福祉士・介護福祉士は誕生した。

（3）回避された議論

　こうして「社会福祉士及び介護福祉士法」は成立したが、シルバーサービスの人材確保という面で資格制度の主は介護福祉士で、社会福祉士は介護福祉士の制度化に便乗する形で組み入れられた。社会福祉士制度は、国家・政治的権力の思惑が交錯するなかでさまざまな矛盾を抱えていた。例えば、社会福祉士の資格範囲からMSW・PSWが除外された背景には厚生省内におけるコンフリクトや日本医師会の影響があったとされる（北村 1989:181）。また社会福祉士が名称独占とされた背景にも社会福祉主事との棲み分け（京須 2006a:62）や医療保健領域への「領空侵犯」の回避といった思惑が影響していたといわれている。

　社会福祉士を国家資格とすることを巡って、当時どのような議論がなされたのか。一番ヶ瀬康子は「国家試験の科目のあり方によって教育課程さらには社会福祉学研究の領域までが方向付けられるような側面」があったため、日本社会福祉学会に対しては「資格が有効かということについてはせめて意見だけは聞いて欲しかった」と回顧している（日本社会福祉学会 2004：309-311）。この問題について仲村優一は、日本社会福祉学会は1971年の社会福祉士法制定試案の際に反対した経緯があり、「行政サイドとしては学会をできるだけ表に出さないようにする」ことになったと説明している（同上：324）。

　なお、一番ヶ瀬は社会福祉士法制定試案（1971年）について日本社会福祉学

会で議論した際の結論を次のように述べている。

「学会として特別委員会をつくって議論をしている時期があるんですね。これは1971年に嶋田啓一郎先生を委員長にして私が副だったんですが、この時の結論というのは、国から付与される資格ではなく、むしろ民間で資格を設けてそれを認定しようということでした（中略）そうしないとね国家体制に規定されるということで、そういう意見を出すわけよ。それについてはほぼたいした反対も無く合意されたにもかかわらずね、1987年でしたか、資格制度が『社会福祉士及び介護福祉士法』としてあわられてくるわけね」（日本社会福祉学会2004：309）

一番ヶ瀬は、教育が国家権力に規定されることを避け、その独立性を保つという観点から、資格化は国家資格ではなく、独立した民間資格として創設、認定することについて学会全体で合意がなされていたと説明している。しかし、成立過程ではこうした経緯をふまえた検討はなされていなかったとすると、推進者サイドは国家との関係性に関わる議論を回避することで社会福祉士制度の実現を図ろうとしたと考えられる。

また小野哲朗は、国家資格成立過程における日本社会事業学校連盟の役割について疑問を示している。小野は本来の学校連盟の役割は、①従来の経緯をふまえて社会福祉の基盤整備や労働条件、あるいは専門性の内容などの理論的検討であり、②これまで学校連盟がとり組んできた資格附与方式としての知事認可制や連盟認定方式と国家試験方式を対比させ、その妥当性を検討するとともに、社会福祉士制度の内容を「わが国の社会的歴史的現実と将来を展望した科学的、理論的問題の解明と提案」をすることにあったと述べている（小野1988:166-167）。

そして、国家資格制度の問題点の第一は、その制度内容が社会福祉従事者の労働条件、施設最低基準の改善に直接的に結びつかない点にあり、社会福祉士の専門性や専門職の内実が「倫理性の強調や国家資格の附与」にすり替えられたという指摘をしている（同上:169-175）。

当時の状況からは、国家資格化が社会福祉学や専門教育にどのような影響を

与えるのか、また福祉労働者の労働環境改善にどのように結びつくのかという問題について、短い法案成立過程では賛否両論を交えた丁寧な検討はほとんど行われることなく国家資格化はなされたといえる。

5 国家資格化は社会福祉教育をどう変えたか？

（1）社会福祉教育の変容

「大学紛争の後は各大学が社会福祉は利用者中心ということがあって生活構造論とかね。社会問題論とかを置いたんですよ。これが国家試験の科目にはないんです。その後急速に関心がね、落ちてきている。それから、社会事業史、社会福祉史もそれまでは外国と日本ということでかなりの単位数をもってたわけなんですよ。ところが国家試験では原論に組み込まれたわけです。分量も小さくなってしまったもんですから、カリキュラムの中から落とされるわけです。その点でもね、学会に正式に聞くことなしに国家試験方式にされ、中身を決めていかれた…」（日本社会福祉学会 2004：310）

また一番ヶ瀬は、上の証言にあるように、1970年前後の大学紛争を経て利用者中心の考えのもと、多くの大学に生活構造論、生活問題論、社会問題論などが置かれ、社会福祉学として「問題認識のための問題発見の在り方」を明確化する科目が重視されていたと述べている（一番ヶ瀬・大友ほか編 1998:19-20）。

では国家資格化前の社会福祉系大学における教育カリキュラムがどのようなものだったのかを確認したい。**表2**は1978（昭和53）年に改訂された大学基準協会「社会福祉学教育に関する基準およびその実施方法」における「社会福祉学教育に関する専門教育科目」である。

1978年「基準」は社会福祉学教育の目的を「社会福祉に関する専門の学術を教授研究し、あわせてその応用能力を展開させること」と規定し、現場ですぐに使える技術・知識の習得よりも社会福祉を「学」として追究し、専門職養成を行うという考えであった。

そうした考えから専門教育の基礎として理論、歴史、法制度論を置き、関連

第1章　社会福祉・ソーシャルワーク教育の可能性を歴史に求めて　25

表2　社会福祉学教育に関する専門教育科目　（1978年7月改訂）

専　攻　科　目		
基　礎　部　門		社会福祉学基礎理論（社会福祉倫理を含む）、社会福祉発達史（社会事業史を含む）、社会福祉法制、社会福祉方法原論、社会保障論
特殊部門	分野関係	公的扶助論、児童福祉論、家族福祉論、老人福祉論、障害者福祉論、医療福祉論、司法福祉論、産業福祉論、地域福祉論、婦人福祉論等
	方法・技術関係	社会福祉方法各論（ケースワーク、グループワーク、コミュニティ・オーガニデーション、ソーシアル・アクション）、社会福祉調査法、社会福祉管理論、社会福祉行財政論、保育理論、養護理論（児童・成人）、社会福祉計画論等
実　習　部　門		社会福祉実習
関　連　科　目		
社会学関係		家族社会学、地域社会論、産業社会学、犯罪社会学、社会病理学、文化人類学等
経済学関係		社会政策、労働問題、国家・地方財政論、協同組合論、経営学等
心理学関係		発達心理学、児童心理学、臨床心理学、社会心理学、人格発達論、社会教育学、カウンセリング、レクリエーション論等
医学関係		医学知識、精神衛生、公衆衛生、社会医学、栄養学、看護原理等
その他		社会問題、生活構造論、社会思想史、家族法、行政法、労働法、児童文化論、リハビリテーション論、老年学等

出所：一番ヶ瀬康子・小川利夫・木谷宜弘・大橋謙策編著（1990）『社会福祉の専門教育』光生館、41 頁。

科目に社会政策・労働問題・地方財政論・協同組合論・公衆衛生・社会医学・文化人類学・社会問題・生活構造論・社会思想史など多様な社会科学系科目を配置していた。また、「社会福祉方法各論」の教育内容としてソーシャル・アクションが明確に位置づけられており、ソーシャルワークの方法としてソーシャル・アクションを重視していたことが理解できる。

　これらの科目配置は1960 ～ 70年代前半に活発に展開された社会福祉運動や利用者主体の運動の影響も読み取ることができる。国家資格化前の大学基準協会の「基準」では即効性のある職能訓練教育よりも社会福祉をマクロな視点で本質的に探求し、実践する教育を重視していたといえる。

　その後、日本社会事業学校連盟は国家資格が成立する前年（1986年）に共通カリキュラム案として「社会福祉専門職養成基準」（4年生大学）をまとめている。その内容は「加盟各大学が養成基準を満たし、かつ加盟大学の学生が所定の教育課程を履修したと認定された場合は、学校連盟としてサーティフィケー

ション（認定証）を発行する」という独自の資格制度方式であった（1986年総会決議「学校連盟による社会福祉専門職養成基準の実施方策について（案）」）。

しかし、学校連盟内の足並みが揃わず、「完全に実施していける体制にまでもっていけなかった」とされる。そうした経緯を経て、国家資格の社会福祉士養成カリキュラムは厚生省主導で策定されたと指摘されている（京須2006b:235）。

厚生省では社会福祉士・介護福祉士法成立を受けて「社会福祉士、介護福祉士養成施設・試験等に関する検討会」（座長・山田雄三）を1987年7月と10月に開催し、社会福祉士養成カリキュラムの指定科目・基礎科目、社会福祉士養成施設の指定基準、社会福祉士試験の科目等をとりまとめ、12月に社会福祉士及び介護福祉士法に関する政省令・告示を公布し、社会福祉士養成カリキュラムは決定された。

（2）消えた社会科学系科目とソーシャル・アクション

厚生省は「授業科目の目標及び内容について」（厚生省通知第26号）定め、国家試験の内容を細かく規定した。注目されるのは社会福祉士養成カリキュラムから、従来あった社会科学系科目の大半がなくなったことである。これにより福祉労働を取り巻く社会的矛盾を資本主義社会の構造及び賃労働の関係から捉える視点は後景化されることになったといえる。

もうひとつは、指定科目の間接援助領域「社会福祉援助技術各論Ⅱ」の内容からソーシャル・アクションが除外されたことである。厚生省通知は「間接援助技術」の教育内容として、①コミュニティワーク、②ソーシャルワークリサーチ、③ソーシャル・アドミニストレーションをあげ、ソーシャル・アクションを除外したのであった（厚生省社会局長通知「社会福祉士養成施設等における授業科目の目標及び内容並びに介護福祉士養成施設等における授業科目の目標及び内容について」社庶第二六号、1988年2月12日）（**表3**）。

これは戦後の社会福祉教育で長く共有されてきたソーシャルワークの「六分法」を見直し、ソーシャルワークにはソーシャル・アクションを含まないとする定義への実質的な変更を意味した。ソーシャル・アクションが除外された理由や経過は明らかでないが、渡邊らは、①社会福祉資格は福祉サービスの供給

表3 日本社会事業学校連盟の社会福祉専門職員養成基準と社会福祉士養成指定科目・基礎科目

	学校連盟社会福祉専門職員養成基準		社会福祉士養成指定科目・基礎科目	
	学校連盟独自科目	重複する科目	重複する社会福祉士養成指定科目	独自な指定科目
基本領域		社会福祉学原論	社会福祉原論（知・必）	
		社会福祉制度政策論	社会保障論（知・選）	
		社会福祉実践技術原論	社会福祉援助技術総論（技・必）	
	社会福祉調査論	介護概論	介護概論（関・必）	
方法技術部門		対人援助技術（ケースワーク、レジデンシャル・ソーシャルワーク、カウンセリング、グループワークを含む）	社会福祉援助技術各論Ⅰ（技・必）（ケースワーク、グループワーク）	
	社会福祉計画		社会福祉援助技術各論Ⅱ（技・必）（コミュニティワーク、社会福祉調査法）	
	社会福祉運営	社会福祉調査実習		
分野部門		児童福祉論	児童福祉論（知・必）	
	家族福祉論	老人福祉論	老人福祉論（知・必）	
	医療福祉論	障害福祉論	障害者福祉論（知・必）	
	婦人福祉論	地域福祉論	地域福祉論（知・選）	
	司法福祉論	公的扶助論	公的扶助論（知・選）	
	保健福祉論等			
演習実習部門		社会福祉実習	社会福祉援助技術現場実習（技・必）	
		社会福祉演習	社会福祉援助技術演習（技・必）	
	社会福祉調査実習			医学一般（関・必）
				心理学（関・選）
				社会学（関・選）
				法学（関・選）

注：知は知識領域の、技は技術領域の、関は関連領域の、必は必修の、選は選択の略である。
出所：一番ヶ瀬康子・小川利夫・木谷宜弘・大橋謙策編著（1990）『社会福祉の専門教育』光生館、67頁。

体制の見直しに対応する目的で作られた側面があり、「現行の社会福祉制度の問題を指摘・批判する側面を持つソーシャル・アクションを教育カリキュラムとして位置づけることは、意図的に避けられた可能性がある」こと、②1973年のオイルショックから1987年の国家資格成立までの約15年間は、社会福祉

の後退が進んだ時期で、その間は「ソーシャル・アクションの実践や理論的な研究が進んでおらず、ソーシャル・アクションの意義が広く認識されていなかった」ことなどを理由にあげている（横山ほか 2011:150）。

養成カリキュラムの教育内容から社会問題に関する社会科学系科目やソーシャル・アクションが除外されたことは、社会福祉士からソーシャルワーカーの「社会変革をもたらすことを目的とする専門職」という役割を見えなくさせる要因をつくった。その結果、自らを「閉ざされた専門性」に封じ込め、多様な市民が取り組む運動と連帯し、抑圧を生む社会構造に抗する実践的な学びの視点と場を縮小させることになったと考える。

おわりに——社会福祉教育の可能性を求めて

「この講座は、教師と学生の間に本質的な区別はない。修了による特権もない。あるものは、自由な相互批判と、学問の原型への模索のみである。この目標のもとに、多数の参加をよびかける」
（「自主講座公害原論　開講のことば」宇井純『自主講座「公害原論」の15年』亜紀書房、2016年）

社会福祉士・介護福祉士法の制定時、「資格化が福祉専門職の確立のための福祉現場の労働条件を全体として引き上げる牽引車の役割を担う」といわれ、資格法を作ることには労働条件を改善し、専門性を高めていく面があると説明されていた（京極 1998：88）。しかし、本書で中野（第2章）や日田（第3章）、岡部（第6章）が福祉労働者の賃労働者性の視点から指摘しているように、資格化は福祉労働者の労働環境に大きな改善をもたらすことにはならなかった[6]。福祉労働者の低位な労働条件は、資本主義社会・国家によって構造的につくり出された問題であったため、資格化・専門職化による改善は限定的であった。

一方、社会福祉士の資格認定を行う機関が国家となったことは専門教育にどのような変化をもたらしたか。同法成立の立法過程を分析した北村は、厚生省にとって国家による資格認定は「それによりあるグループの人たちの資質をコ

ントロール」する権限を保有することだという。

　北村は「資格をもつ者のサービスを買うか、そうでない者のサービスを買う
かは、全く消費者の選択に委ねられている」ため、もし多くの消費者が社会福
祉士をより好むようになれば、無資格の従事者は資格認定されるよう行動し、
学生は国家試験の受験資格を満たすに有利なカリキュラムの学校を選択するこ
とになると指摘している（北村 1989:187）。

　学生が国家試験受験に有利な学校を求めることは、合格のための教育を拡大
させた。教育の消費者となった学生は「投資」した学費を回収するために国家
資格の価値を求め、大学は学生を獲得するために試験合格に効果的な教育プロ
グラムを提供する関係性が形成され、専門教育の「商品化」が促進された。一
方、国は国家試験の教育内容や出題範囲などを通知する権限を保持することで
養成教育の内容を規定するとともに、教育機関を統制化する環境がつくられた
といえる[7]。

　国家資格化は教育内容を平準化・共通化し、その質を標準化させたが、同時
に教育の商品化を促進し、教育機関の自由度や自治的機能を縮小させる方向
に向かわせた。別の言い方をすると国家に対する従属性を高めたともいえるだ
ろう。では、これから社会福祉教育はどのような方向に向かっていけばいいの
か。そのヒントはイリイチ（イリッチ）やフレイレの思想のなかにあると考える。

　イリイチは、現代社会において進歩や経済成長を志向するエートスが集中的
に現れ、その価値の制度化し、促進する主要因が学校制度にあることを指摘し、
学校に独占された「教育」から決別して地域における生活のなかにある「学習
ネットワーク」の学びに希望を見出した（イリッチ 1971 = 1977）。またフレイ
レは、近現代の学校教育は知識は与えられるもの、施されるものとなっており、
従順さを促す一方で批判の力を奪い、支配者の価値観を内面化させる「銀行型
教育」と呼んだ。それに対して双方向の対話を通して省察し、認識をつくりあ
げる教育を「問題解決型教育」として提示し、そこに人間解放の可能性を求め
た（フレイレ 1970 = 2018）。

　こうしたイリイチやフレイレの思想をヒントに「定型的な学校教育型」を乗
り越えるための「非・不定型の学び」が提起され、新自由主義とそれらに奉仕
する国家・政府に抗し、オルタナティブな経済社会を追求する社会変革の運動

がメキシコなどでも展開されている（北野 2008）。

「不定型・非定型の学び」とは何か。鈴木によると教育は定型・非定型・不定型の3つに分類される。そのうち定型教育とは教育主体と学習主体が分離していることを前提に「教育主体の側から学習主体に働きかける教育」である。一方、非定型教育とは教育主体と学習主体が未分化な状態で「学習主体によって組織化される教育」であり、また、不定型教育とは学習主体と教育主体が分離していることを前提に「両者の協同で展開する教育」と定義している（鈴木 1997:40-41）。

国家試験合格を念頭においた社会福祉士養成教育は基本的に定型教育に位置づけられる。その一方で、社会福祉教育に関わる先人たちは地域の福祉現場や多様な市民・当事者との協同による研究運動やソーシャル・アクション実践といった「非定型・不定型の学び」を独自に展開する努力と実践を試みてきた。しかし、国家試験が導入され、社会福祉士養成カリキュラムに基づく定型教育の比重が増すなかで、社会福祉教育において「非定型・不定型の学び」は縮小していると考える。

これからの社会福祉・ソーシャルワーク教育の可能性は、ひとつには「非定型・不定型の学び」を資本や国家の思惑に取り込まれることなく広げていくことにある。教育・研究者と学生が、当事者、非営利組織など多様な市民が取り組む運動と協同し、地域の中に「非定型・不定型の学び」のネットワークを広げる営みを通して、抑圧を生む権力に抗する理論と実践をひろげることである。その実践を通して、限りない市場化と人間の収奪を進める資本主義社会・国家とは異なるオルタナティブな社会を構想する社会福祉教育の展望は切り開かれると考える。

1）　GHQ の PHW に関する一次資料を検討した小池は、「基礎8科目」の日本への紹介は1948年8月にウィルソンの後任として福祉課の社会事業訓練係に配属された F・ブルーガーによるものであったとしている。ブルーガーが「基礎8科目」を紹介したのは1949年2月の日本社会事業専門学校カリキュラム委員会からで、その後も数回にわたってその必要性を論じたとしている。ウィルソンとは異なり、ブルーガーは「福祉現場に身をおいた生粋のケースワーカー」で、彼女の関心はまさに精神医学ソーシャルワークにあった（小池 2007:47-48）。一方、今岡健一郎は設立基準をつくる討議過程で基礎8科目が事実上モデ

ルとして紹介されたと指摘している（今岡1976:23）。

2) 渡邊かおりはアメリカのソーシャルワーカーら専門職を中心に編集されてきた社会事業年鑑の記述をもとにアメリカにおけるソーシャルワークの分類とソーシャル・アクションの位置づけを検証している。渡邊によると社会事業年鑑では1941年以降はソーシャルワークの分類は「五分法」が使用されており、日本に紹介された「六分法」は一度も使用されていないこと。また、ソーシャル・アクションをソーシャルワークに含めると考える研究者はいたが、専門家集団としては「ソーシャルワークにソーシャル・アクションを含めないという意見が主流であった」としている。一方、1939年以降のほとんどの社会事業年鑑ではソーシャル・アクションについて独立した項目を設けて説明が行われており、渡邊は「専門家集団はソーシャル・アクションの必要性は認識していたが、それをソーシャルワークの方法（部門）として位置づけるには至っていなかった」と結論づけている（渡邊2012:53-54）。

3) 真田が指摘する政策主体が行う資格制度を通した労働者支配については岡部が第6章で言及している。

4) 日本福祉大学の宮田和明は全学教授会の見解をふまえて答申の問題点を具体的に検討している。宮田は、社会福祉教育の大きな目的の一つはすぐれた社会福祉従事者を養成することであるとしたうえで、しかし「このことは『明日からでも現場で役に立つ』職業人を大学から送り出すことだとは考えていません……専門的な社会福祉従事者が育つまでにはより長期にわたる教育と研修とが必要とされてきます」という。そして、社会福祉教育は大学・短期大学だけで「完了」するものではなく、大学と現場が従事者の養成のために密接に協力・協働することで創り出していくものであり、その基礎過程としての大学教育を充実させることが社会福祉教育における大きな課題の一つだと論じている（宮田 1979:47-48）。

5) 当時の「社会福祉士及び介護福祉士法」（昭和62年法律第三十号）の第2条は社会福祉士を「この法律において『社会福祉士』とは、第二十八条の登録を受け、社会福祉士の名称を用いて、専門的知識及び技術をもって、身体上若しくは精神上の障害があること又は環境上の理由により日常生活を営むのに支障がある者の福祉に関する相談に応じ、助言、指導その他の援助を行うこと（第七条において『相談援助』という。）を業とする者をいう」と定義した。その後、2007年に法改正がなされ、社会福祉士の定義も一部改正された。

6) 「社会福祉専門職の実践と意識に関する全国調査」（2001年・1995年）では、社会福祉士の労働条件について「待遇が低い」「（資格を）配置基準に反映すべき」といった声が示されている（秋山 2005:299-321）。依然として福祉労働者は厳しい労働環境に置かれている。

7) 北村は有資格者団体（職能団体）も、厚生労働省の監督・行政指導の役割を職能団体がダミーとなって担う関係がつくられるために国家の規制や影響を受けることになったと指摘している（北村 1989:187）。

【引用文献】

秋山智久（2005）『社会福祉実践論─方法原理・専門職・価値観（改訂版）』ミネルヴァ書房.

秋山智久（2007a）『社会福祉専門職の研究』ミネルヴァ書房.

秋山智久監修（2007b）『社会福祉士及び介護福祉士法成立過程資料集　第1巻成立過程資料』近現代資料刊行会.

秋山智久（2008）「『社会福祉士及び介護福祉士法』の成立過程の状況と課題　その1: 社会福祉士制度を中心に」『社会福祉士及び介護福祉士法成立過程資料集　第3巻　別冊【解説】』近現代資料刊行会.

一番ヶ瀬康子・大友信勝・日本社会事業学校連盟編（1998）『戦後社会福祉教育の五十年』ミネルヴァ書房.

伊藤淑子（1996）『社会福祉職発達史研究—米英日三カ国比較による検討』ドメス出版.

今岡健一郎（1976）「社会福祉教育の系譜—歴史的、国際的、比較的一考察」『淑徳大学研究紀要』9・10合併号.

イリッチ.I. 東洋・小澤周三訳（1971＝1977）『脱学校の社会』東京創元社.

小河滋次郎（1912）『社会問題　救恤十訓』北文館（『戦前期社会事業基本文献集⑱』日本図書センター，1995年）.

小河滋次郎（1918）「方面委員なる新施設に就て」『救済研究』第6巻第12号.

小河滋次郎（1924）『社会事業と方面委員制度』巌松堂書店（『戦前期社会事業基本文献集⑱』日本図書センター，1995年）.

小川政亮（1953）「社会事業サーヴィス論の意味」『社会事業』第36巻，7・8月合併号.

大橋謙策（1990）「社会福祉職員の資格問題と社会福祉教育」一番ヶ瀬康子・小川利夫・大橋謙策編『社会福祉の専門教育』光生館.

小野哲郎（1988）「社会福祉士・介護福祉士法の成立と諸問題—社会福祉の現業活動と教育・研究活動への影響と今後の課題について」明治学院大学社会学会『明治学院論叢　社会学・社会福祉学研究』77・78号.

川上貫一（脇屋亮）（1931）「失業時代と社会事業不安に就て」『社会事業研究』第19巻1号.

川原佐公（1972）「保育所保母の職務実態—専門性とはほど遠く」日本社会福祉学会『社会福祉学』第12号.

岸　勇（1951）「公的扶助の基本問題」『社会事業』第34巻，1・2月合併号.

木田徹郎（1967）「社会事業教育」日本社会事業大学編『戦後日本の社会事業』勁草書房

北野収（2008）『南部メキシコの内発的発展とNGO』勁草書房.

北村喜宣（1989）「社会福祉士及び介護福祉士法の立法過程」『季刊社会保障研究』国立社会保障・人口問題研究所，Vol.25（2）.

京極高宣（1998）『〔新版〕日本の福祉士制度—日本ソーシャルワーク史序説』中央法規出版.

京須希実子（2006a）「福祉系国家資格制定過程の研究—『専門職』形成のメカニズム」『産業教育学研究』36巻1号.

京須希実子（2006b）「福祉系専門職団体の組織変容過程—ソーシャルワーカー団体に着目して」『東北大学大学院教育学研究科研究年報』54（2）.

小池桂（2007）『占領期社会事業従事者養成とケースワーク』学術出版社.

孝橋正一（1950）『社会事業の基礎理論』（日本図書センター『戦後社会福祉基礎文献集6』

所収).

孝橋正一（1954）『社会事業の基本問題』ミネルヴァ書房.

小松源助（1993）『ソーシャルワーク理論の歴史と展開—先駆者に辿るその発達史』川島
　　書店.

坂寄俊雄（1959）「生活保護の時代—終戦より講和条約締結まで」『講座社会保障3　日本
　　における社会保障制度の歴史』至誠堂.

真田是（1975）「社会福祉における労働と技術の発展のために」『社会福祉労働』法律文化
　　社（総合社会福祉研究所編（2012）『真田是著作集（第5巻）』所収）.

社会保障研究所編（1966）『戦後の社会保障　資料』至誠堂.

社会保障研究所編（1968）『戦後の社会保障　本論』至誠堂.

菅沼隆（2005a）「方面委員制度の存立根拠—日本型奉仕の特質」佐口和郎・中川清『福祉
　　社会の歴史—伝統と変容』ミネルヴァ書房.

菅沼隆（2005b）『被占領期社会福祉分析』ミネルヴァ書房.

鈴木敏正（1997）『学校型教育を超えて』（講座主体形成の社会教育学①）北樹出版.

積惟勝（1972）「施設実践の立場から」日本社会福祉学会『社会福祉学』第12号.

全国社会福祉協議会九十年通史編纂委員会（2003）『慈善から福祉へ　全国社会福祉協議
　　会九十年通史』全国社会福祉協議会.

竹中恵美子・西口俊子（1962）『女のしごと・女の職場』（『戦後女性労働基本文献集　第9巻』
　　日本図書センター，2005年）.

Toshio Tatara/ 菅沼隆・古川孝順訳（1997）『占領期の福祉政策—福祉行政の再編と福祉
　　専門職の誕生』筒井書房.

仲村優一（1980=2002）「社会福祉従事者とその育成」『社会保障講座（第6巻）』総合労
　　働研究所（=『仲村優一社会福祉著作集（第6巻）』旬報社）.

西垣美穂子（2014）「保育職業病認定闘争の意義と課題—1960年代〜70年代の保育運動・
　　保育労働をめぐって」『佛教大学社会福祉学部論集』第10号.

日本医療社会事業協会（2003）『日本の医療ソーシャルワーク史—日本医療社会事業協会
　　の50年』.

日本社会事業大学四十年史刊行委員会（1986）『日本社会事業大学四十年史』.

日本社会福祉学会（2004）『社会福祉学研究の50年—日本社会福祉学会のあゆみ』ミネル
　　ヴァ書房.

平山洋介（2009）『住宅政策のどこが問題か〈持家社会〉の次を展望する』光文社.

フレイレ .P/ 三砂ちづる訳（1970=2018）『被抑圧者の教育学』亜紀書房.

Flexner,A./ 田代不二男編訳（1915=1974）「社会事業は専門職か」M.E. リッチモンド他 /
　　田代不二男編訳『アメリカ社会福祉の発達』誠信書房.

フローレンス・ブルーガー（1950）「ケースワークの原理」日本社会事業専門学校編『現
　　代社会事業の基礎』（日本図書センター『戦後社会福祉基礎文献集3』所収）.

三島亜紀子（2007）『社会福祉学の〈科学〉性—ソーシャルワーカーは専門職か?』勁草書房.

宮田和明（1979）「社会福祉教育の現状と課題について」全国社会福祉協議会『月刊福祉』

1979 年 4 月号.

横山壽一・阿部敦・渡邉かおり（2011）『社会福祉教育におけるソーシャル・アクション
　の位置づけと教育効果—社会福祉士の抱く福祉観の検証』金沢電子出版.

横山壽一（2003）『社会保障の市場化・営利化』新日本出版社.

吉田久一・一番ケ瀬康子編（1982）『昭和社会事業史への証言』ドメス出版.

冷水豊・定藤丈弘（1977）「貧困戦争の破綻と福祉権運動」右田紀久恵・高澤武司・古川
　孝順編『社会福祉の歴史—政策と運動の展開』有斐閣.

鷲谷善教（1978）『社会福祉労働者—社会事業従業者・改題増補』ミネルヴァ書房.

鷲谷善教（1967）「社会事業従事者の組織とその活動」日本社会事業大学編『戦後日本の
　社会事業』勁草書房.

渡邊かおり（2012）「日本におけるソーシャルワーク『六分法』の起源と発展—ソーシャル・
　アクションに焦点を当てて」『江戸川学園人間科学研究所紀要』第28号.

【参考文献】

飯田直樹（2021）『近代大阪の福祉構造と展開—方面委員制度と警察社会事業』部落問題
　研究所.

石川時子（2021）「ソーシャルワーク倫理綱領の変遷と『社会変革』の一考察」『関東学院
　大学人文学会紀要』第145号.

嶋田啓一郎（1971）「社会福祉と専門職制度—ソーシャル・ワーカー協会の前進のために」
　同志社大学人文学会『評論・社会科学』第2号.

第 2 章

ソーシャルワーク教育の現状と課題

中野加奈子

1 社会福祉士資格の現状

(1) 社会福祉士が働く領域の多様性

　我が国では、1987年に社会福祉士及び介護福祉士法が創設され、以後、毎年「社会福祉士」や「介護福祉士」という国家資格取得者が生まれている。社会福祉士及び介護福祉士法創設から10年後である1997年には精神保健福祉士法も創設された。2003年には法改正により保育士も国家資格化されている。2023年度までで社会福祉士登録者数は29万9408人となっている。

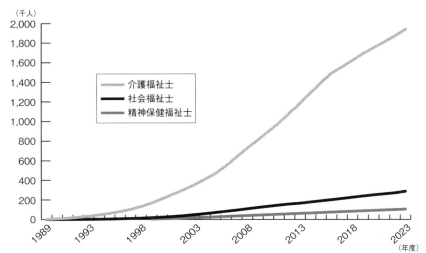

図1　社会福祉士・介護福祉士・精神保健福祉士の登録者数の年次推移
出所：公益財団法人　社会福祉振興・試験センター「登録者の資格種類別－年度別の推移」
https://www.sssc.or.jp/touroku/pdf/pdf_tourokusya_graph_r05.pdf

表1　現在、福祉・介護・医療の分野で仕事をしている社会福祉士の状況

	回答数（人）	割合（%）		回答数（人）	割合（%）
【高齢者福祉関係】小計	30,510	39.3	【地域福祉関係】小計	6,539	8.4
1　介護老人福祉施設	7,755	10.0	28　福祉事務所	980	1.3
2　介護老人保健施設	2,623	3.4	29　都道府県社会福祉協議会	397	0.5
3　介護医療院、介護療養型医療施設	186	0.2	30　市町村社会福祉協議会	4,698	6.1
4　居宅サービス事業所	2,607	3.4	31　独立型社会福祉士事務所	262	0.3
5　地域密着型サービス事業所	2,150	2.8	32　その他の地域福祉関係	202	0.3
6　居宅介護支援事業所	6,206	8.0	【医療関係】小計	11,727	15.1
7　地域包括支援センター	5,837	7.5	35　病院・診療所	11,170	14.4
8　その他の高齢者福祉関係	3,146	4.1	36　その他の医療関係	557	0.7
【障害者福祉関係】小計	13,678	17.6	【学校教育関係】小計	770	1.0
9　身体障害者更生相談所	37	0.0	37　小学校、中学校	389	0.5
10　知的障害者更生相談所	55	0.1	38　高等学校	69	0.1
11　障害者支援施設	6,203	8.0	39　大学、短大等	54	0.1
12　基幹相談支援センター	485	0.6	40　その他の学校教育関係	258	0.3
13　相談支援事業所	2,431	3.1	【就業支援関係】小計	503	0.6
14　就労支援事業所	2,290	3.0	41　公共職業安定所（ハローワーク）	94	0.1
15　その他の障害者福祉関係	2,177	2.8	42　障害者職業センター	63	0.1
【児童・母子福祉関係】小計	6,339	8.2	43　障害者就業・生活支援センター	196	0.3
16　児童相談所	1,140	1.5	44　その他の就業支援関係	150	0.2
17　乳児院・児童養護施設・母子生活支援施設	1,112	1.4	【司法関係】小計	278	0.4
18　児童家庭支援センター	259	0.3	45　矯正施設	84	0.1
19　障害児施設（入所・通所）	1,714	2.2	46　保護観察所、地方更生保護委員会	52	0.1
20　障害児相談支援事業所	150	0.2	47　更生保護施設	31	0.1
21　保育所	869	1.1	48　地域生活定着支援センター	48	0.1
22　子育て世代包括支援センター	101	0.1	49　その他の司法関係	63	0.1
23　婦人保護施設	50	0.1	【行政機関】小計	5,202	6.7
24　その他の児童・母子福祉関係	944	1.2	50　都道府県庁	437	0.6
【生活保護関係】小計	514	0.7	51　区役所（特別区）	778	1.0
25　保護施設	277	0.4	52　市役所、町村役場	3,680	4.7
26　無料低額宿泊所	37	0.0	53　その他の行政機関	307	0.4
27　その他の生活保護関係	200	0.3	【その他】小計	1,018	1.3
【生活困窮者自立支援関係】小計	410	0.5	54　その他	1,018	1.3
33　ひきこもり地域支援センター	40	0.1	無回答	88	0.1
34　その他の生活困窮者自立支援関係	370	0.5			

出所：公益財団法人社会福祉振興・試験センター（2021）「社会福祉士・介護福祉士・精神保健福祉士の就労状況調査」（速報版）について」　https://www.mhlw.go.jp/content/12200000/000820586.pdf

この3万人近い社会福祉士はどこで、どのような仕事に就いているのだろうか。公益財団法人社会福祉振興・試験センターの2020年度調査結果では、回答者の10万281人中、7万7576人（77.4%）が「福祉・介護・医療の分野の仕事」に従事している。そのうち、高齢者福祉関係で就労している者が最も多く、3万510人（39.3%）という結果になっている。次いで、障害者福祉関係で就労している者は1万3678人（17.6%）、医療関係で就労している者が1万1727人（15.1%）と続いている。

　高齢者福祉関係に従事する社会福祉士の割合が高いのは、高齢者福祉関係の施設・事業所数が多いことに関連している。2021年度の介護保険施設の総数は、入所系施設で1万3731施設、居宅サービス事業所は7万3594事業所と非常に多い。これに加えて老人福祉施設（養護老人ホームなど）は15万7262施設ある（厚労省 2022）。

　日本は、1970年代に高齢化社会、1994年には高齢社会、そして2007年には全人口の21%を65歳人口が占める超高齢社会となった。高齢者人口の増加に伴い、身体的介護を必要とする高齢者や認知症を患う高齢者が増加する中で介護ニーズは高まっていき、高齢者を社会全体で支える制度として2000年に介護保険法が施行された。その後、多くの施設・事業所が整備されてきたため、この分野に従事する社会福祉士の割合は必然的に高くなる。

　しかし、高齢者福祉関係、障害者福祉関係、医療関係以外にも、社会福祉士が働いている分野は幅広く存在する。表1のように、「学校教育関係」や、福祉事務所、都道府県庁や市役所などの「行政機関」、保護観察所などの「司法関係」、公共職業安定所（ハローワーク）や2015年から施行されている生活困窮者自立支援関係で働く者もいる。また、独立型社会福祉士事務所やNPO法人などで独自事業を展開し、活躍する社会福祉士もいる。

　このように、社会福祉士は高齢者福祉領域や障害者福祉領域に従事するものが多いが、それ以外にも多様な領域で活動している。

（2）社会福祉士が従事する職種・職位の多様性
　公益財団法人社会福祉振興・試験センター（2022）「令和2年度社会福祉士・介護福祉士・精神保健福祉士就労状況調査結果」では、社会福祉士の職種・職

表2　社会福祉士の主な仕事（職種、職位）

		回答数 （人）	割合 （%）			回答数 （人）	割合 （%）
1	経営者	1,831	2.4	9	スクールソーシャルワーカー	653	0.8
2	施設長、事業所部門の長	7,653	9.9	10	相談員	10,319	13.3
3	主任、相談部門の長	5,981	7.7	11	指導員	2,510	3.2
4	介護支援専門員（ケアマネージャー）	8,811	11.4	12	介護職員（ホームヘルパーを含む）	5,828	7.5
5	地域包括支援センターの社会福祉士	3,896	5.0	13	支援員	6,636	8.6
6	障害者相談支援専門員	2,172	2.8	14	事務職員	5,788	7.5
7	児童自立支援専門員	152	0.2	15	その他	7,511	9.7
8	医療ソーシャルワーカー	7,721	10.0		無回答	114	0.1

出所：公益財団法人社会福祉振興・試験センター（2021）「社会福祉士・介護福祉士・精神保健福祉士の就労状況調査」（速報版）について」 https://www.mhlw.go.jp/content/12200000/000820586.pdf

位や、取得資格の種類なども確認できる（**表2**）。もっとも多いのは、「相談員」で1万319人（13.3%）、続いて介護支援専門員（ケアマネージャー）が8811人（11.4%）と続いている。

　領域別に見ると、高齢者福祉領域で働く社会福祉士は「介護支援専門員」として勤務している割合が27.9%と最も高く、次いで「介護職員（ホームヘルパー含む）」が16.8%、「相談員」14.2%となっている。また、障害者福祉領域では、「支援員」が最も多く35.9%、「施設長・事務所管理者」は15.2%、「障害者相談支援専門員」14.1%と続いている。そして、医療関係では、「医療ソーシャルワーカー」が64.3%、「その他」12.3%、「事務職員」7.4%となっている。

　そして、社会福祉士は、複数の資格を取得している者も多い。**表3**からもわかるように、社会福祉士以外にも、介護支援専門員（ケアマネージャー）や介護福祉士、精神保健福祉士の資格を有する者がいる。社会福祉士以外の資格を有する者は、78.5%と8割近い結果となっている。この表には含まれていないが、弁護士や医師免許を持つ社会福祉士もいる。

　以上のように、社会福祉士は、雇用される職場などにより多様な名称の職種・職位で働いていることや、複数資格を持つ者も多い。

表3　社会福祉士が取得している他資格

(n=100,281)	回答数（人）	割合（%）
介護福祉士	30,754	30.7
精神保健福祉士	21,129	21.1
社会福祉士実習指導者	18,635	18.6
介護支援専門員（ケアマネージャー）	**37,743**	**37.6**
訪問介護員（ホームヘルパー）	20,932	20.9
看護師、准看護師	3,955	3.9
相談支援専門員	9,978	10.0
保育士	9,214	9.2
行政書士	883	0.9
この中に保有する資格はない	21,010	21.0
無回答	536	0.5

出所：公益財団法人社会福祉振興・試験センター（2020）「令和2
年度社会福祉士・介護福祉士・精神保健福祉士就労状況調査結果」
https://www.sssc.or.jp/touroku/results/pdf/r2/results_all.pdf

（3）「多様性」がもたらすアイデンティティ・用語の曖昧さ

　以上のように、社会福祉士は多様な領域、多様な職種・職位に就いている。それは社会福祉が人の誕生から亡くなるまでの人生に関わるものであることに関連しているだろう。しかし、このような多様性は、社会福祉士が何をおこなっているのか見えにくくしてしまっている。それは、社会から見ても、また社会福祉士自身も、「社会福祉士とは何者なのか」という認識が曖昧になってしまっているのではないだろうか。

　筆者は、ある社会福祉協議会の研修を担当した際、職員から具体的な実践事例を聞く機会があった。その社会福祉協議会では、地域住民の声を丁寧に聞き地域問題を把握していること、また日常生活自立支援事業では生活支援員と専門員が協力しながら、利用者一人ひとりの地域生活をサポートしていた。その実践は、知的障害のある人、精神障害のある人が、さまざまな困難に直面することがあっても、関係機関と連携しながら「住み慣れた街で、自分らしい暮らしをしたい」という利用者の権利を支えるソーシャルワーク実践であった。

　しかし、その社会福祉協議会で働く社会福祉士は「私は、社会福祉士の資格はありますが、ソーシャルワーカーではありません。社会福祉協議会の職員で

す」と語った。また、別の機会に出会った特別養護老人ホームの社会福祉士からは「私は、カタカナの「ソーシャルワーカー」という言葉に親近感が持てず、『相談員』の方が自分の仕事の名称としてしっくりするなあと思います」と話していた。

　このような社会福祉士のアイデンティティの曖昧さは、職域・職種などの多様性だけではなく、ソーシャルワークに関連する専門用語の多義性とも関連しているように思われる。厚労省資料や日本社会福祉士会の資料などでは「ソーシャルワーク専門職である社会福祉士」とか「社会福祉士はソーシャルワークの専門職」と示されてきた。しかし、職種・職位の名称に「ソーシャルワーカー」が含まれるのは、公益財団法人社会福祉振興・試験センターの2020年度調査では「医療ソーシャルワーカー」と「スクールソーシャルワーカー」のみである。この点については、伊藤淑子（1996）が次のように分析している。まず、我が国ではソーシャルワーク理論と実践が育つ場となる第一次機関が不在であり、第一次機関にあたる福祉事務所や児童相談所では、専門職原理よりも官僚制原理を優先した人事管理が行われてきた。次に、大学で社会福祉の専門教育を受けた人々は高齢者や障害者が利用する施設に就職することが多かった。しかし、戦後以降の施設での業務は「生活指導」として位置付けられ、ソーシャルワーク理論を基盤としたものとは異なる形で発展した。そして、ソーシャルワークの第二次機関である発展領域は医療福祉部門に限られ、施設、行政、保健医療機関という職域により職業上のイメージに差が生まれた。

　この伊藤の分析以降20年近く経過しているが、この職業上のイメージの差異は埋まらないまま今日に至っている。

　また、社会福祉士及び介護福祉士法における定義では「相談に応じ、助言、指導（中略）、連絡及び調整その他の援助を行う」とされており、ここに「ソーシャルワーク」という用語はない。そして社会福祉士養成課程の科目においては「相談援助」という用語が用いられてきた。この点は、2021年からの新カリキュラムにおいて、「ソーシャルワークの基盤と専門職」や「ソーシャルワーク演習」が位置づけられるなど「ソーシャルワーク」という言葉を用いるに至っている。

　さらに、もう一つ付け加えるならば、社会福祉士養成課程で用いられる用語

の複雑さも関係しているかもしれない。例えば、英語の「Social Work」はかつて「社会事業」と訳されたり、社会福祉実践、ソーシャルワーク実践などと日本語で表されるなど、多様な日本語へ変換された。また、カタカナで「ソーシャルワーク」と表記することもある。いずれも、これらの用語はそれぞれに込められた意義、ニュアンスは微妙に異なる。原語の「Social Work」も読み手によって多様な解釈、理解をされる用語ではあるが、日本語に訳された場合は多用に解釈されるだけでなく、訳語が創造されることによって「異なる言葉」として理解されてしまう。

またケアマネジメント、ケアマネージャー、ケア、支援、援助、ソーシャル・アクション、社会福祉運動、社会正義といったソーシャルワークのテキストで用いられる用語も、それぞれの文脈で異なる意味を表している。そして十分な定義がされないまま議論が進展してしまうと、用語の混乱はますます大きくなり、社会福祉士の働く領域の多様性や職種・職位の多様性と相まって、社会福祉士という資格が何をなすものなのか、理解を困難にしてしまう恐れがあろう。

今後、我が国で用いられる「ソーシャルワーク」「ソーシャルワーカー」という用語の内容を、ソーシャルワーク実践の場に立つ人々や学生、研究者が意見を出し合い、内容整理を行う必要があるのではないだろうか。

2 「国家試験」がもたらす弊害

(1)「労働の資格化」

筆者は、社会福祉士養成課程を持つ大学で社会福祉士の指定科目を担当している。社会福祉学コースを希望する学生に「なぜ、あなたはこのコースで学びたいと考えているのか」と問うと、多くの学生が「社会福祉士資格を取得したいから」と答える。また「親が、将来きちんと就職したいなら、資格をとった方が良いと言っていました」という答えを聞く機会も多い。「資格を活かして、将来どのような仕事に就きたいのか」と問い直すと、そこまでは考えていなかった、と言う学生も少なくない。

第2章　ソーシャルワーク教育の現状と課題　43

そもそも、我が国の教育制度では多くの高校生が普通科で学んでいるため職業に対するイメージを具体化させる機会は少なく、大学に入学した時点で将来の展望を明確に持つことは難しい（本田 2014）。さらに先述した通り、社会福祉士が働く領域・職種が多様であり、社会福祉士のイメージが形成されにくいことも関連しているだろう。

　また、社会福祉士に限らず、多くの労働が「資格化」されてきたことも関連している可能性がある。「Aという仕事に就くためには『A資格』を取得していること」というように、資格取得がその業務を担う能力の証明となってきた。

　社会福祉領域だけでも、社会福祉士や介護福祉士、精神保健福祉士、保育士といった社会福祉に関する国家資格だけでなく、今日では介護支援専門員、介護初任者研修などの都道府県が実施する試験・研修や、民間団体による福祉住環境コーディネーターなど多様な資格制度がある。また、2024年度からは「こども家庭ソーシャルワーカー」資格制度も開始される。このように、支援対象や領域によってさまざまな資格が創設されており、その業務に就く際には資格の有無が問われる場面が増え、採用の可否や労働条件も異なってきている。こうして、業務が資格と紐づくことにより「専門職」が生み出され、資格を取得することが就職への道筋として位置づいていく。さまざまな業務が「資格化」されるとともに、その資格のための養成課程が整い、その資格がもたらす「専門職」の知識や技能を学ぶ学生も増えていく。このような状況を、ここでは「労働の資格化」と名付けて論を進めたい。

　この「労働の資格化」は専門職の養成課程や実践にどの様な影響をもたらしてきたのだろうか。資格が創設されることにより、その資格に特化した学習、トレーニングが可能となる。しかしその一方で、この「労働の資格化」は資格取得が目的化しやすい状況を生み出す。例えば、国家資格養成を行う大学では「国家試験の合格者数」が学生募集において重要視される。社会福祉士だけに関わらず、各種資格課程を有する大学では、合格率をあげるために「国試を受験するための学内選抜」を行うところもある。もちろん、学内選抜はただ合格率を上昇させるためではなく、学生の資格取得の動機づけや職業への適正の見極めとして機能することもあるから、一概に否定はできない。ただし、社会福祉士をはじめ、さまざまな国家資格取得を目指す教育とは、本来なら国家試験

44

に合格することが目的ではなく、学習した知識や技法を習得し職業倫理に基づいた「専門職」の養成そのものにある。しかし、「労働の資格化」が進む状況では、その資格をどのように活かし社会に貢献していくのか、という視点は後景に追いやられがちだ。また、このような視点は具体的な数値データで表すことは困難で、視覚化しづらい。そのため、わかりやすい「数字」が一人歩きし、専門職養成は「合格率」によって評価されてしまう。

（2）専門知に対する軽視

「労働の資格化」が進む一方で、資格や専門職教育を軽視する動きもある。ソーシャルワーク実習を終えた学生たちは、就職活動の時期に各地で開催される「福祉職フェア」に参加する。各地でユニークな実践を展開する施設・事業所や、年齢の近い先輩たちが、自らの実践を生き生きと語る姿に大きく影響を受け、「私もソーシャルワーカーになりたい」「利用者さんの「その人らしさ」を大切にした支援がしたい」とソーシャルワーカー像を具体化し、将来の希望を語る学生は多い。

その一方で、「実習施設や就職フェアで、『社会福祉士の資格は必要ない』『社会福祉士の資格は役に立たない』と言われたけれど、それは本当ですか」と尋ねてくる学生がいる。学生は実習指導者や就職フェアで出会った職員から「社会福祉士がなくても仕事はできるよ」とか「知識があるが故に、利用者をきちんと理解できなくなる」という説明を聞いていた。このような説明の意図とは、どのようなものなのか。

専門職制度が整備される中で、かつては家族や近隣が担っていた助け合いやケアは、有資格者が担うものとして区別され、業務と資格が紐づいた「労働の資格化」が進展してきたと言えるだろう。それは、先述した様な問題点はあるものの、助け合いやケアの方法が社会の中で共有され、その方法が理論で裏付けされ、その担い手の責任を明確化されるプロセスであった。

かつて『ソーシャルケースワークとは何か』をまとめたM. リッチモンドは、友愛訪問員の記録から支援方法を整理し、それを教科書にまとめて受講生が共有すること、そして友愛訪問員が適切な支援を提供できるように教育プログラムを整理した。こうした営みは、世界各地で展開されていき、日本でも第二次

世界大戦後には大学教育の中で専門職養成が取り組まれてきた。そして社会福祉士及び介護福祉士法制定後は、国家資格養成課程として発展してきた。その結果、助け合いやケアをより高度に効果的に、必要とする人々に提供される仕組みが整い、資格取得を目指す者も増加してきた。

しかし「労働の資格化」が進むことで、家族や近隣が担っていた助け合いやケアは他者化されたとも言える。助け合いやケアを必要とする人々への支援は有資格の専門職が行うものと期待され、家族や近隣の助け合いは希薄化した。

また、専門職養成課程の内容は整理されたものの、実際の社会や生活の場でその知識やスキルだけで解決できるものは多くはない。なぜなら、社会や人々の暮らしは多様であり、養成課程での教育内容はその多様性に応用できるよう、抽象的であったり最大公約的な内容にならざるを得ない。しかし助け合いやケアの方法は各地域の特色やその地域での暮らし方に影響を受けているため、「全国どこでも同じ方法」で支援が展開できるわけでもない。こうして、社会福祉士養成課程で整理された「知」は、実践と乖離しているものとして認識されるようになる。

この「乖離」は、各地の多様な社会福祉領域・職種で働く社会福祉士自身にとっても、また市民の側にも影響している。社会福祉士の中には「大変な勉強をしたが、その知識は今目の前の利用者の困難を解決することに役立たない」という経験をした人がいるだろう。市民の側には「社会福祉士は難しいことを言うのでよくわからない」「社会福祉士は、私が思っていたようには解決できなかった」という意見もあるだろう。このような経験や意見がますます「資格は役立たない」という見解を強化する。

また、助け合いやケアに関わる仕事は、先述した通りかつては地域社会の中で営まれてきた。そこには学歴も資格も関係なく「誰でもが担い手」であり「誰でもできること」として認識されてきた。そのため、「専門知識が理解を妨げる」「その専門知識は、役に立たない」といった専門知を否定する動きもある（Nichols＝2019）。しかし、Nicholsは、専門家は教育や訓練を受けていることから、ミスはしても素人と比べるとその危険は少ない、と指摘している（Nichols＝2019:49）。ソーシャルワークにおいても、社会福祉士資格を取得することによって、法律、概念、理論の知識を持ち、その知見を用いたアセスメントや計

画策定を進めることが可能となる。法律や概念、理論に準じてアセスメントや計画策定をすることで、何が「誤り」なのか、という判断もしやすくなる。ミスを最低限に減らすことができる、とも言えるだろう。

「労働の資格化」の進展により、社会の中で助け合いやケアが減少したし、「労働の資格化」によって、アセスメントや計画策定が画一的となり「利用者のあるがまま」を受け止めたり、権利の主張を十分に保障したソーシャルワークになっていないという指摘は正しい。ただ、この問題は、専門家否定ではなく、専門職養成の中に課題があると筆者は考える。

（3）国家試験としての課題

これまで述べてきた諸課題には、社会福祉士資格が「国家試験」であることと関わっている。社会福祉士国家試験は選択問題であり、国が問題の作成、正答を用意している。したがって、受験生はこの問題の「正解」を理解し、それを解答できねばならない。実践では、人々の暮らしはさまざまであり、多様な希望がある。また社会の価値観は時代を経て変容してきている。このような変化や少数派の意見は、国家試験という仕組みには反映しづらい。

またそれ以上に問題なのは、社会福祉士養成課程での教育内容が「政治と社会保障・社会福祉、あるいはソーシャルワークとの関係について必ずしも十分な学習がプログラムとして用意されているわけではない」（高木 2023：3）という指摘であろう。

ソーシャルワーク専門職のグローバル定義は国際ソーシャルワーカー連盟（IFSW）によって2014年に整理された。その内容は以下の通りである。

> ソーシャルワークは、社会変革と社会開発、社会的結束、および人々のエンパワメントと解放を促進する、実践に基づいた専門職であり学問である。
> 社会正義、人権、集団的責任、および多様性尊重の諸原理は、ソーシャルワークの中核をなす。
> ソーシャルワークの理論、社会科学、人文学および地域・民族固有の知を基盤として、ソーシャルワークは、生活課題に取り組みウェルビーイングを高めるよう、人々やさまざまな構造に働きかける。

この定義は、各国および世界の各地域で展開してもよい。

そして、このグローバル定義の「原則」には、以下のような文言がある。

　　ソーシャルワークは、第一・第二・第三世代の権利を尊重する。第一世代の権利とは、言論や良心の自由、拷問や恣意的拘束からの自由など、市民的・政治的権利を指す。第二世代の権利とは、合理的なレベルの教育・保健医療・住居・少数言語の権利など、社会経済的・文化的権利を指す。第三世代の権利は自然界、生物多様性や世代間平等の権利に焦点を当てる。これらの権利は、互いに補強し依存しあうものであり、個人の権利と集団的権利の両方を含んでいる。

　ここで述べられる「第一・第二・第三世代の権利」とは、社会福祉サービス利用者のみならず、ソーシャルワーカー自身にも関係している権利である。しかし、社会福祉士養成課程では、これらの権利の名称やおおよその内容は説明していても、高木の指摘の通りに、具体的事例や自らの生活世界とこれらの権利がどのように関連しているのか、学習する機会は乏しい。

　例えば、2015年に「新たな福祉サービスのシステム等のあり方検討PT」報告として、「新たな時代に対応した福祉の提供ビジョン」が示され、2016年6月には「ニッポン一億総活躍プラン」が閣議決定された。このプランには「一億総活躍社会の実現に向けた横断的課題である働き方改革の方向」として「高齢者の就労促進」が掲げられていた。しかし、高齢労働者の76.4%は非正規労働であり、労働時間数が少ない労働者については健康診断が対象とならないとか、労災保険がかけられていないなど、労働者としての権利が守られてない実態がある。また、年金支給額は減額されており、年金者組合を中心に年金額の引き下げに対する違憲訴訟が展開されており（年金者組合など 2023）、低年金のために老後も働き続けなければならない、という貧困問題も関連している。こうした政策の陰にある当事者の困難を権利の視点から事例検討することや、社会構造の理解を踏まえた問題把握については、各養成課程を担当する教員が自主的にプログラムを形成するなどしない限り、養成課程の指定教科書だけでは十分に理解できるとは言い難い。

また、今日の社会福祉実践では、施設内虐待や、相談機関での差別的対応（暴言、違法な対応など）も散見される。また、外国人労働者の労働と生活やその子どもたちの教育問題、被災地での住宅問題や地域コミュニティ再生の問題、高齢期に働かざるを得ない高齢労働者の健診や労災制度の不備など、権利に関わる問題はあちらこちらにある。これらの問題解決には、日々の個別支援に加えて、政策決定、すなわち政治的解決も視野に入れる必要があるが、「政治とソーシャルワーク」の関連性については、社会福祉士養成課程では重視されてはいない。

　こうした実態は日本に限ったことではない。今、世界各地で、ソーシャルワーク養成課程における問題を指摘する声がある。

3　社会福祉士がソーシャルワーク実践者（Social work practitioner）であるために

（1）イギリスにおける Social Work Action Network の活動

　ここまで我が国の社会福祉士資格と、養成課程をめぐる諸課題について論じてきた。社会福祉士の職種・職域の多様性や、養成課程での用語の多義性などを背景に、社会福祉士が何をなすのか、社会福祉士自身も社会も理解しづらい状況であることを述べてきた。

　では、この状況を変革するためには今後どのような視点、取り組みが必要なのだろうか。

　ソーシャルワーク専門職資格や、その業務内容における異議申し立ての事例として、イギリスを取り上げたい。

　筆者には、印象に残る場面が2つある。1つは、2011年に東京で開催された日英二国間セミナー（『New Public Management 政策の衝撃と専門職ソーシャルワークの視点：日英の経験の比較研究』）に参加した際に、イギリスの登壇者から次のような発言があった。それは、イギリスの非行少年の更生を支援するある部署では、3か月以内にその少年が一定の就労にたどり着けなければ支援機関延長のために膨大な申請書をまとめなければならないこと、そして支援期間を延長してもなお就労が実現しなければ、すなわち非行少年の更生がうまく進

第2章　ソーシャルワーク教育の現状と課題　49

まなければ、その部署の連帯責任として次年度の予算を削減される、というような話であった。これはイギリス政府が、できるだけ低予算で支援効果を上げることを各部署に強いる政策が進展していることが背景にあった。

　もう1つは、ケン・ローチ監督の『わたしは、ダニエル・ブレイク』（I, Daniel Blake）という映画の一場面である。「選別主義と就労原則」が徹底されるイギリスの社会保障では、支援を受ける際に徹底した資力調査が課され、また就労することを求められる。心臓病を患う元大工のダニエルは、主治医に就労を止められているにも関わらず、雇用支援手当の審査で「就労可能」と判定され、支援が受けられなくなる。その過程で、雇用支援手当や求職活動の手続きに手間取るダニエルを手助けしようとした職業安定所のカウンセラー・アンは、「それはあなたの仕事ではない」と上司に止められてしまい、ダニエルを見守るしかできない。アンは「ダニエルをこのまま放っておいてはいけない」と考えていたかもしれない。しかし、自分がやるべきだと考える仕事は、職場で禁じられている。こうした状況にアンは何を思っただろうか。

　このように、イギリスでは、ソーシャルワーカー自らが「これは私の仕事だ」と考えたことと、実際に業務として行う内容との乖離があった。この状況を改善しようとソーシャルワーカーや、学生、研究者、サービス利用者が立ち上がり団体を形成した。その団体を「Social Work Action network（SWAN）」という。

　このSWANは、2004年、スコットランドのグラスゴーでソーシャルワーカー、学生、研究者などが集会を開催したことに始まる。その集会のタイトルは「こんなことをするために私はソーシャルワークに携わったのではない！ We didn't come into social work for this! ／もう一つのソーシャルワークは可能だ　Another social work is possible」というものであった。そして、この集会での議論を踏まえて、「ソーシャルワークと社会正義への宣言（ソーシャルワーク・マニフェスト）」を取りまとめた（伊藤2007）。

　このような動きは、ソーシャルワークが官僚化し、断片化し、抑圧装置へと変容されたことに対し「抵抗」する実践だった。なぜイギリスのソーシャルワーカーや学生、研究者はこのような「抵抗」をしたのか。それは、ソーシャルワーカーが単に社会サービスを提供している事業所や諸機関に雇用される「サービス提供者」ではなく、IFSWのソーシャルワークの国際定義が示しているよう

に、「人権と社会正義」という価値を実現する社会的実践者であることに由来
する（Banks 2012=2016:61-64）。経済のグローバル化、新自由主義的な政治が
地球規模で広がる中で、イギリスのような「選別主義と就労原則」が徹底され
る社会保障・社会福祉制度は、多くの国々でも進展している。それは日本の介
護保険や生活保護の実情を見ても明らかであろう。

　このSWANには、同様の問題意識を持つ世界各国の研究者やソーシャル
ワーカーらが参集し、2020年にソーシャルアクションネットワーク・インター
ナショナル（SWAN-I）が設立されるに至った。このネットワークは、「ソーシャ
ルワーク・アクション・ネットワーク・インターナショナル（SWAN-I）設立
宣言2020年5月（*SOCIAL WORK ACTION NETWORK INTERNATIONAL*
（*SWAN-I*）*FOUNDING STATEMENT MAY 2020*）」を発表した。

　このSWAN-Iは、世界各地で活動するソーシャルワーカーの組織をつなぐも
のであり、「共通の原則、特定の運動、そして各国でのラディカルなソーシャ
ルワークの伝統を発展させ、強化するためにお互いを支援することで団結す
る」ものとされている。そして、このネットワークに加盟する団体が共通認識
として持っているのは、まず「資本の利益よりも人間と人間のニーズ（human
needs）を優先することに尽力し、責任を持つ」そして「私たちは、サービス
提供の民営[私事]化された形態に反対する。なぜなら、それらは不平等と抑
圧を強化するからであり、また公共サービスは、決して民間企業の利潤を生産
する要求と要請によって形作られるべきではないからである。これは、私たち
が国家によるサービス提供に関して無批判であることを意味しない。むしろ私
たちは、現在の国家が資本および国家エリートの利益/権益を保護することに
主に関係していることを認識している。というものである」としている。この
ように、新自由主義的グローバリズムの中で進展してきた福祉民営化や、貧
困・格差問題の深刻化、多文化共生問題などを視野に入れているものである
（SWAN-I 2020）。以上のように、SWAN-Iはソーシャルワーカーこそ、資本
主義社会が 社会保障・社会福祉制度にもたらした問題を批判する必要がある
と主張している。

　では、我が国の社会福祉士養成は、このような主張とどのように 接続可能
なのだろうか。

（2）社会福祉士養成課程の進む方向とは

　我が国では2024年度からは「子ども家庭ソーシャルワーカー」資格養成も開始されるなど、「労働の資格化」はますます加速する。地域社会での助け合いやケアも、希薄化している。そもそも人口減少社会にあって、地域社会の助け合いの力はどんどん脆弱になっている。

　ここで重要な視点は、ソーシャルワーカーが「福祉の実践者」でありながらも「賃金労働者」であるという二重性を念頭に置いた専門職養成及び実践の展開だと考える。専門知は常に実践の後に整理され、その整理された専門知を反映し実践はさらに進展してきた。したがって、まずは、実践の場での「困難」を政治と社会保障・社会福祉に係らせて整理する必要がある。

　まず、「福祉の実践者」の視点からは、例えば「子どもたちにもう1人保育士を」と訴え、保育士配置基準の改正を求める「子どもたちにもう1人保育士を！全国保護者実行委員会」の活動（2023）や、「コロナ禍で働く福祉労働者の実態調査」（2021）などがあり、保育や介護現場での諸課題と政治との関連させながら整理し、改善しようとするソーシャルアクションが取り組まれている。これらは、SWANの「こんなことをするために私はソーシャルワークに携わったのではない！　We didn't come into social work for this! ／もう一つのソーシャルワークは可能だ　Another social work is possible」というスローガンにもつながっていくものだろう。

　また、生活保護基準引き下げの違憲性を問う「いのちのとりで裁判全国アクション」や、いわゆる「65歳問題」といわれる、介護保険制度の利用を優先するような指導により、障害のある人々に必要なケアが保障されない問題についての当事者の訴訟（浅田訴訟、天海訴訟）など、当事者の権利や尊厳が侵害される事例が明らかになっている（山崎 2023）。こうした当事者の側に立った「福祉の実践者」として、当事者の訴えにどのように応答するのか、といったことを、社会福祉士専門職養成においても取り上げていく必要がある。

　そして、今日の社会福祉士養成課程では、「賃金労働者」として社会福祉士が直面する諸課題は十分に取り上げられていない。「労働の資格化」が進展している一方で、社会福祉領域における労働条件は十分に改善されているとは言い難い。先に言及した「令和2年度社会福祉士・介護福祉士・精神保健福祉

士就労状況調査結果」では、社会福祉士の81%が正規職員であると回答しているものの、非正規も含めた回答者の令和元年の平均年収は403万円にとどまる。男性の平均年収は473万円に対し、女性の平均年収は365万円と大きな差があることも問題であろう。さらに介護報酬や障害者福祉などの報配改定は引き下げが続き、事業所は厳しい運営を強いられている。生活困窮者自立支援法などでは具体的な支援が自治体からの単年度事業となることが増え、職員の継続雇用がままならない事態も起こっている。こうした「賃金労働者」としての問題は、社会保障・社会福祉の利用者も直面する問題であるのだから、同じ社会を生きる労働者として、労働問題の整理や解決に向けた取り組みも必要となる。

　これらを進めていくためには、実践と専門知の中に資本主義社会への批判視点を位置づける必要がある。そしてこの批判視点の醸成を図るためには、研究による問題整理や解決策の提示も不可欠となる。当事者や実践の場の声を、研究がどのように応答し、教育へ反映させていくかが問われている。

【引用文献】
公益財団法人　社会福祉振興・試験センター「登録者の資格種類別―年度別の推移」.
　　https://www.sssc.or.jp/touroku/pdf/pdf_tourokusya_graph_r04.pdf
公益財団法人社会福祉振興・試験センター（2021）「社会福祉士・介護福祉士・精神保健
　　福祉士の就労状況調査」（速報版）について」.
　　https://www.mhlw.go.jp/content/12200000/000820586.pdf
厚労省（2022）「令和3年介護サービス施設・事業所調査の概況」.
厚労省（2022）「令和3年 社会福祉施設等調査」.
伊藤淑子（1996）『社会福祉職発達史研究』ドメス出版.
本田由紀（2014）『もじれる社会―戦後日本型循環モデルを超えて』ちくま新書.
Mary Ellen Richmond (1922), *What is social case work? An introductory description*, New
　　York: Russell Sage Foundation（= 1991　小松源助訳『ソーシャル・ケース・ワークと
　　は何か』中央法規）.
Tom Nichols (2017) *THE DEATH OF EXPERTISE The campaign against Established*
　　Knowledge and Why it Matters, Oxford University Press（= 2019　高里ひろ訳『専門
　　知は，もういらないのか―無知礼賛と民主主義』みすず書房）.
旭洋一郎，高木博史（2023）『いま，ソーシャルワークに問う―現代社会と実践／理論・
　　養成教育／当事者運動』生活書院.

総務省（2023）「統計トピックス No.138　統計からみた我が国の高齢者―「敬老の日」にちなんで」.

年金引き下げ違憲訴訟兵庫原告団・全日本年金者組合兵庫県本部・全日本年金者組合中央本部・年金引き下げ違憲訴訟兵庫弁護団・年金引き下げ違憲訴訟全国弁護団（2023）「年金引き下げ違憲訴訟最高裁判決に対する抗議声明」.

伊藤文人（2007）「ソーシャルワーク・マニフェスト―イギリスにおけるラディカル・ソーシャルワーク実践の一系譜」日本福祉大学社会福祉学部『日本福祉大学社会福祉論集』116巻.

Sarah Banks（2012）*Ethics and Values in Social Work* 4th Edition, Springer（＝2016　石倉康次，児島亜紀子，伊藤文人監訳『ソーシャルワークの倫理と価値』法律文化社）.

Social Work Action Network International (2020), *SOCIAL WORK ACTION NETWORK INTERNATIONAL（SWAN-I）FOUNDING STATEMENT MAY 2020*, （＝2020　伊藤文人・中野加奈子訳「ソーシャルワーク・アクション・ネットワーク・インターナショナル（SWAN-I）設立宣言2020年5月」）. https://socialworkfuture.org/swani/

子どもたちにもう1人保育士を！全国保護者実行委員会（2023）「「今後5年程度を見据えたこども施策の基本的な方針と重要事項等―こども大綱の策定に向けて（中間整理）」についての意見書」.

https://www.cfa.go.jp/assets/contents/node/basic_page/field_ref_resources/72e91230-ee19-49d2-b94b-15790ab6d57d/12459af8/20231117_councils_shingikai_kihon_seisaku_bZi2mq96_19.pdf

黄　驥・高倉弘士・石倉康次（2021）「コロナ禍で働く福祉労働者の実態に関する一考察」総合社会福祉研究所『総合社会福祉研究』第51号.

いのちのとりで裁判全国アクション HP https://inochinotoride.org/

山崎光弘（2023）「浅田訴訟と天海訴訟から考える―介護保険優先原則に基づく障害福祉サービス打ち切りの問題」総合社会福祉研究所『福祉のひろば』第283号.

【参考文献】

Iain Ferguson（2007）Reclaiming Social Work: Challenging Neo-liberalism and Promoting Social Justice（＝2012　石倉康次，市井吉興監訳『ソーシャルワークの復権―新自由主義への挑戦と社会正義の確立』クリエイツかもがわ）.

公益社団法人　日本社会福祉士会編（2022）『三訂　社会福祉士の倫理　倫理綱領実践ガイドブック』中央法規出版.

公益社団法人　日本社会福祉士会編（2021）『社会を動かすマクロソーシャルワークの理論と実践　あたらしい一歩を踏み出すために』中央法規出版.

横山寿一・阿部敦・渡邊かおり（2011）『社会福祉教育におけるソーシャル・アクションの位置付けと教育効果―社会福祉士の抱く福祉観の検証』金沢電子出版株式会社.

第3章

ソーシャルワークと社会福祉労働

日田　剛

1　ソーシャルワーカーを取り巻く問題

（1）ソーシャルワーカーのモヤモヤ

　皮肉にも新型コロナウィルスの感染拡大によって、医療従事者や介護等を担うケア労働者の社会的評価が向上したように感じられる。コロナ禍で現場に出勤する人々に拍手が送られる光景は象徴的だった。それはテクノロジーが進化しても、人の手によって担われるエッセンシャルワークなしには生活が維持できないという事実を、ウィルス感染拡大によって突きつけられたからだろう。

　エッセンシャルワーカーという「必要不可欠な労働者」には、社会福祉分野に従事する人びとも当てはまる。例えば保育士や介護福祉士のようにケアを担う専門職、また行政機関である福祉事務所のケースワーカーなど、公務に従事する労働者もそうだ。そして、その中に本書がテーマにしているソーシャルワーカーもいる。

　日本でソーシャルワーカーの専門資格といえば、社会福祉士と精神保健福祉士の2つが思い浮かぶ。両資格誕生の歴史的背景はここでは触れないが、毎年2月に実施される国家試験を経て、社会福祉士は現在28万6511人（2023年5月現在）が登録されている。精神保健福祉士も10万3678人と、両者合わせて39万189人（社会福祉振興・試験センター 2023）にのぼる。これは地方の中核都市くらいの人口規模だ。

　しかし、2022年2月に実施された社会福祉士国家試験の受験者数は3万4562人で、前年と比べて725人減少した。もっとも第17回試験（2005年）以降4万人台をキープしていた受験者数は、徐々に減少して第32回試験（2020年）か

ら3万人台に落ち込んだ。精神保健福祉士の受験者数も2006年の第8回試験以降は7000人を超えていたが、2018年の第20回試験から7000人を切っている。要するにソーシャルワーカーの専門資格取得者は減少傾向にあるのだ。

エッセンシャル（必要不可欠）な仕事のはずなのに、なぜ減っているのだろうか。社会福祉の現場では慢性的な人手不足が叫ばれて久しい。必要不可欠な仕事で、しかも人手不足なのであれば、待遇を改善してその職に就く人を増やすなどの対策が進められそうなものだ。しかし実際はそうなっていない。国税庁の「令和2年分民間給与実態統計調査」によると「医療、福祉」分野の平均年収は、397万円であり、全体平均433万円から36万円低い。さらに、社会福祉振興・試験センターが実施した「社会福祉士・介護福祉士・精神保健福祉士就労状況調査（令和2年度）結果報告書」によると、社会福祉士の平均年収は403万円、介護福祉士は292万円、精神保健福祉士は404万円となっている。いずれも全産業の平均年収より低い。社会福祉士や精神保健福祉士には管理職クラスも多いため、全体の平均を引き上げている面もある。それにしても、社会福祉士の中で多くの割合を占める相談員の平均年収は354万円、精神医療機関の精神保健福祉士は356万円だ。この結果からもエッセンシャルワークの社会的評価に対して、賃金評価はあまりにも低いことがわかる。

慢性的な人手不足なのであれば賃金を上げてたくさんの労働者を雇用すればいいはずなのに、なぜそうならないのだろう。実はここには資本主義の仕組みが関係している。賃金の上昇要因は、単に労働力の不足だけではない。利潤（儲け）の増加が賃金上昇の前提なのだ。資本主義社会では、労働力の消費→商品の生産・売買→利潤の増殖が果てしなく続く。利潤（儲け）が増えると賃金も上昇するように見えるが、実際はそう単純ではない。なぜなら、賃金は経営者側にとっては出費になるので、できるだけ低く抑えようとするからだ。ちなみに利潤とは生産に必要な設備を所有し、労働者を雇用することができて、それに注ぎ込む資金をたくさん持っている資本家にとっての利潤だ。資本家には経営者や大株主などが当てはまるだろう。

しかも出来るだけ多くの商品を効率よく生産するように、生産技術が発展して、ますます人手と人件費の削減が進められる。このような仕組みをマルクスの資本論では「資本の有機的構成の高度化」として説明している。社会福祉分

野に従事した経験のある人ならイメージできると思うが、社会福祉の仕事で生産性と効率を上げるのは難しい。社会福祉の仕事の多くは対人援助が占めているので、機械化して生産性を高めることができない。つまり「資本の有機的構成の高度化」が困難な分野と言える。しかし資本主義社会では、このような人の手による仕事の現場にも生産性を高める働き方が半ば強制的に導入されていく。

　効率が重視される利用者への対応とは、どうも非人間的だ。一部テクノロジーが導入されたとしても、大部分は人の手による仕事に変わりはない。社会福祉分野の仕事の多くはサービス労働に位置付けられる。これは何か商品（モノ）を生産して販売するのではなく、直接人の手によって対象者へサービスが提供される仕事だ。つまり社会福祉分野は生産性や効率とは馴染みにくく、儲け（利潤）を増やすのが難しい労働ということができる。その一方で資本主義社会のもとで働く労働者には、資本にとっての利潤を増殖するために生産性と効率が求められる。この矛盾がソーシャルワーカーを含めたエッセンシャルな分野に就く労働者をモヤモヤさせている。

　本章では、このモヤモヤの要因について掘り下げて論じてみようと思う。その際にやはり資本主義社会での労働者という視点は欠かせない。資本主義と言うと、マルクス主義かと顔をしかめる読者もいるかもしれないが、好むと好まざるとに関係なく、日本は資本主義社会だ。だからわたしたちは働いて賃金を得ることでしか生活を維持できない。なぜなら生活に必要なものはすべてお金を払って購入しなければならず、そのお金を手に入れるためには働く（自分の労働力を売る）しか方法はないからだ。これが資本主義社会での労働者の宿命だ。繰り返すがそこにはソーシャルワーカーも含まれている。

（2）根本的な原因に踏み込む

　昨今のマルクスへの再注目は、資本主義社会の生み出す極端な不平等が見過ごせない段階に来ていることの現れと捉えられる。マルクスは資本主義社会の抑圧構造と、そこからの解放の理論だからだ。近年は資本主義社会とは別の選択肢についての議論が活発だ[1]。しかし資本主義社会への批判の声がある一方、その温存に貢献する行動が溢れているとの指摘もある（Fisher 2018：40）。世

の中にはお金よりも大切なものがあるというメッセージを込めた映画が、大手の配給会社によって世界中で上映されて莫大な興行収入を得ている。何が言いたいのかというと、いくら不平等を批判するような主張をしたところで、資本主義社会の構造はその主張と矛盾するようにできているということだ。

ここにこそ、ソーシャルワーカーを労働者と位置付ける理由がある。つまり、「資本主義社会による問題から逃げられない労働者」という視点がなければ、ソーシャルワーカーのモヤモヤはいつまで経っても解消されないのだ。これまで何度もソーシャルワーカー自身の自己研鑽や業務独占化が解決策だと叫ばれてきたが、本当にそれでモヤモヤが晴れるのだろうか。まったく無駄だとは思わないが、私自身はすこぶる懐疑的だ。なぜなら自己研鑽を目的とした研修は休日を利用して、すでにたくさん実施されているし、地域包括支援センターなどソーシャルワーカーの必置規定は一部で取り入れられている。医療機関でも診療報酬の加算条件に社会福祉士配置が明記された。しかし、その実態はというと、地域包括支援センターでは予防プランの作成に忙殺されて他の業務は手につかないと聞く。医療機関では診療報酬の加算は退院促進の圧力となり、いかに早く退院させる（まわす）かの勝負になっている。この状況で「私はソーシャルワーカーです」と胸を張って名乗れる人（社会福祉士と精神保健福祉士は名称独占）がどのくらいいるのだろう。

問題発生源の構造を温存したままでは、モグラ叩きのように次から次へと新たな問題が出てきてしまう。もちろん目の前の実践をおろそかにしていいというわけではない。それと並行して根本原因に踏み込む必要があるということだ。奇しくもソーシャルワークには「ソーシャルアクション」という実践があり、それは社会変革をも射程に入れている。そうであるなら、なおさら反・資本主義の実践が必要なのだと思う。

2　社会福祉労働者としてのソーシャルワーカー

（1）社会福祉労働者への視点

ソーシャルワーカーによる反・資本主義の実践を考える前に、資本主義社会

の下での社会福祉労働者について考えてみたい。そもそも、この社会福祉労働者は、普段あまり聞き慣れないワードだと思う。社会福祉分野で働く人びとは、社会福祉従事者とか、社会福祉専門職とかと呼ばれている。なぜあえて労働者なのか。そこには意図があるからだ。労働者は資本主義社会のもとで、働くことでしか生活する糧（賃金）を得ることができない人びとである。だから自らの労働力を売って生活を維持する。社会福祉労働者にはそんな意味が込められている。

　社会福祉の分野でも労働者という視点を取り入れて論じられていた時代があった。このような議論は社会福祉労働論として確認できる。社会福祉労働論が盛んだったのは、1960〜70年代にかけてである。この頃は、いわゆる社会福祉本質論争が繰り広げられており、社会福祉士の養成テキストにも登場してくる社会福祉学理論の先導者たちが喧々諤々な議論を展開していた。社会福祉本質論争とは、「社会福祉とは何か」について、雑誌「大阪社会福祉研究」の誌面上でおよそ1年間にわたって続けられた論争である。当時の社会福祉学理論を整理した岩崎（2017）によると、学生運動や社会運動が活発だった1960年代は、その理論的根拠にマルクス主義が趨勢を占めていた。このような背景から社会福祉学理論もマルクスの影響を受けることになったという。

　代表的な論者の孝橋正一は、資本主義社会が必然的に発生させる生活問題から、労働力を保全するために行われる資本側の「譲歩」の一部が社会福祉だとした。この「譲歩」には大きく二つの段階がある。まずは労働力保全の段階。簡単に言えば、明日も元気に働いてくれる労働者の再生産だ。これは、労働者の保護とは少し違う。労働者とは人格を持った人間だ。しかし資本主義は人格そのものに興味はなく、その労働力の確保が目的である。だから、労働力となり得ない者に資本主義は基本的には無関心だ。ただし、それでは労働者は非人間的な扱いを受け不満がたまる。また、労働者になれない人びとが排除される。そうするとその不満が爆発して資本主義社会で特権的な地位にある者が脅かされる恐れがある。よって労働者側の要求に影響されて制度や政策が作られる。これが次の「譲歩」の段階だ。この後者の譲歩が社会福祉にあたる[2]。しかし、両段階とも結局のところは資本主義の温存に貢献するというのが孝橋らが主張した社会福祉であり、「政策論」と呼ばれた。

第3章　ソーシャルワークと社会福祉労働　59

他方で岡村重夫は、資本主義を前提には置かず、どのような社会においても存在する生活を基盤に置く普遍的な社会福祉を唱えた。つまり社会構造との関係から社会福祉が生まれるわけではなくて、いつの時代も生活を守る社会福祉そのものが存在しているとの立場だ。徹底的に生活者の側に立ち、そこから社会を見るという視点が社会福祉の固有性であるとした。この理論は社会構造から切り離されて展開されているため、問題の発生源に目を向けずに現場での実践に社会福祉が焦点化されることから、「技術論」と呼ばれた。

　やや大雑把な整理になるが、社会福祉本質論争とは孝橋らの「政策論」か、岡村らの「技術論」かが争われたということになる。鉄道弘済会が年に3回発行している「社会福祉学研究」の1968年に発行された第3号には、孝橋正一、岡村重夫、一番ヶ瀬康子、木田徹郎の座談会が編集されて収められている。紙面上からもかなり白熱した議論が交わされている様子が怖いくらい伝わる。孝橋、岡村のまったく妥協しない議論を、最後は司会役の一番ヶ瀬康子が、「共通の問題意識を作り上げていくことが課題だ」と締めている。

　このような論争の中に、社会福祉労働者への考察も含まれていた。主に資本主義社会のもとにある労働者との理解が前提になっているから、社会福祉本質論争の「政策論」の延長に位置づけられるとも言える。では、この社会福祉労働者にはどのような特徴があるのだろうか。これまで何度も指摘しておいたが、社会福祉労働者も賃金を得て生活を維持する、資本主義社会での労働者に違いはない。ただし、多くの社会福祉労働者の仕事内容は商品の生産、販売とは違う。基本的に対人援助というサービス労働だからだ。つまり対人援助というサービスの提供が仕事内容となる。対人援助は目に見える形を持つモノではないため、直接、社会福祉労働者から提供される。いわば生産と消費が同時に行われるイメージだ。しかし、直接的に提供したとしても、その対価が社会福祉労働者へ支払われるわけではなく、雇用主（資本家）が受け取ることになる。この対価の中に利潤が含まれている。このように労働者が資本家の利潤を増やすために働く関係性を資本主義的生産関係と言う。

　だが社会福祉労働者はモノとしての商品を生産する労働者ではない。正確には社会福祉に関する「サービス」を直接提供する労働者だ。だから生産ラインのような設備を用いることもできないし、効率を上げて生産量を増やすことも

できない。ここに社会福祉労働者の特徴が見られる。しかも「人間らしさと発達とを準備する労働」（真田 2012：261）や、人間の発展を「最も根源的にさししめし照らしだしている労働」（島田 1973：21）など、とても崇高な労働として評価されている。社会福祉労働の目的は利潤を増やすことよりも、質の高い対人援助の提供そのものにあるからこそ、なくてはならない（エッセンシャルな）労働なのである。

（2）ソーシャルワーカーの「労働者性」

社会福祉士や精神保健福祉士など、社会福祉専門職を25年にも渡って追跡調査した研究がある（秋山 2007：4）。この調査研究では社会福祉専門職の、その専門性についての歴史、理論、実態を資料と調査によって徹底的に洗い出している。研究動機には社会福祉専門職の「専門性」が軽視されてきたことへの憤りが強く感じられる。

また、秋山は社会福祉専門職の専門性が曖昧にされてきた要因を、専門性、専門職性、専門職制度の概念の混同に見出している（秋山 2000：206）。専門性は基礎となる「学問・研究のレベル」、専門職性は基礎の上に理論の実用性を探索する「職業のレベル」、専門職制度は専門性、専門職性を機能させる「制度・システムのレベル」であり、それぞれ異なるレベルであるにかかわらず、「専門性」として一括りにされてきたというわけだ。この定義に従えば、本章で取り上げている社会福祉労働者には、専門性、専門職性、専門職制度の各レベル間で発生する矛盾や葛藤が課題となりそうだ。例えば、学問・研究のレベルである専門性が、十分に発揮できないような職務規定や制度の仕組みなどである。

もう一つ、秋山の研究で興味深い調査結果がある。専門職性についてその意識と実態を調べるために行った全国調査（2001年実施）の結果、社会福祉士の傾向は、「仕事に誇りがあること」、「倫理綱領を知っていること」、「専門職団体の会員になることによって、専門職としての信念を強化すること」については他の社会福祉専門職よりも高く評価していた。その一方で「高度の理論・技術」や所属する施設・機関での「自律性」、業務上の「権限」については極めて評価が低かったのである。さらに、精神保健福祉士、介護福祉士と比較して

も、社会福祉士が単独で最高点をとった項目はなく、この結果を秋山も「社会福祉士は、やはり自信がないという状況が比較の中にも表れている」と嘆いている。

この実態を打破するために、ソーシャルワーカーのアイデンティティの明確化や社会福祉実践固有の視点を強化すること、社会福祉専門資格の統一化などが提案されている。さらに所属組織の規則・基準とソーシャルワーカーとしての実践に対立、葛藤が生まれる場合、優先すべきはクライエントへの誠実性であるとことを強調している（秋山 2007：254）。秋山の提案は、ソーシャルワーカーが目指す方向を示したものとして、現在でも重要である。

秋山の研究が一貫して主張したのは、ソーシャルワーカーの専門性をいかに発揮するかであった。本章の問いは、ソーシャルワーカーの専門性はどのようにして阻害されるのか、である。そして、この阻害の要因はどうも資本主義社会の構造にあるらしい、という点に目をつけている。資本主義社会の構造は、資本主義的生産関係のもとで働く労働者で支えられている。そうすると労働者としての労働のあり方にこそ、ソーシャルワークを阻害する要因を求めなければならない。ここで用いている「社会福祉労働者」には資本主義的生産関係が前提されている。この関係からソーシャルワーカーの労働のあり方が形作られていると考えると、資本主義というものの影響力は計り知れない。この如何ともし難い影響力による縛りを「労働者性」と呼ぶことにしよう。

労働者性からソーシャルワーカーを検討することには批判もある。清水は、社会福祉現場で働く従事者を「労働者」と規定することで長時間や低賃金の劣悪な労働環境が「暴露」されるメリットを認めるも、それだけに還元できないと主張している（清水 2012：35）。労働者論はソーシャルワーカーを資本と労働者階級の論理に隷属する「運命論的仮説」を基礎にしており、人間存在としてのソーシャルワーカーを論じるには狭隘な理論だと手厳しい。職場の人間関係やストレス、クライエントへの虐待などは人間の心理や社会、文化への洞察、援用が必要だとも述べる。要するに資本主義社会が問題のすべてを説明できる訳ではないという批判だ。

清水の指摘の通り、長時間労働や低賃金だけではなく、人間関係やストレス、虐待などは、ソーシャルワーカーの現場で現実的に起こっている問題だ。しか

し、長時間労働や低賃金といった待遇の問題以外は、資本主義的生産関係にある労働者性とは関わりがないかというと、そう言い切れない。なぜなら、待遇だけではなくて働き方そのものにも、この労働者性が反映されて資本主義社会にとって都合のいいように変えられていくからだ。都合のいいようにとは、効率と生産性を上げてたくさんの儲けを出すための労働ということだ。このような働き方は、待遇以外の問題にも無関係ではないだろう。

（3）市場化のもとで商品にされる労働力

この労働者性を浸透させるのに貢献したのが「市場化」だ。市場というのは、取引したり、モノを売買したりが行われる場所で、それ自体は資本主義社会以前にもあった。問題は、資本主義社会で現れる市場化が労働者を非人間的な姿に変えていく点にある。

19世紀には、世界の至る所ですべての生産が市場で販売されるために行われて、すべての所得が市場での販売をもとに生まれる「自己調整的市場」が拡大していくと言われた（Polanyi 2009：119-30）。市場の形成を妨げるものは、たとえ国家であっても否定される。また市場で取引されるあらゆる商品の価格は、市場の変化にのみ対応しており、介入や規制は許されない。市場ではより利潤を上げる競争原理が唯一のルールであり、このルールに任せておけば市場から生まれる利潤で人間はより豊かになると考えられた。市場のルールが独立して社会さえも包み込んで統制していくため、「自己調整的市場」なのだ。このような市場は本来商品とはなり得ないものを商品として扱う。その中に労働力も含まれている。労働力は、労働を行う人間からは分離できない。よって労働力も、それを持つ人間も商品化できないはずだ。それでも商品にしてしまうというのは、擬制（fiction）という偽りの姿に他ならない（Polanyi 2009：125）。労働者の持つ労働力の商品化とは擬制の上に成り立っているものといえるのだ[3]。

労働力が商品化されるとどうなるのだろうか。資本主義社会では、生活を維持するために必要なものはお金を払って購入しなければならない。また、お金は何かを売らなければ手に入らない。労働者は自らの労働力以外売るものを持ち合わせていない。よって経営者などの資本家に雇われて賃金を得るしかな

い。逆に言えば資本家は労働力を購入、消費して利潤を増やす。資本家はより利潤を増やすのが唯一最大の目的だ。だから多くの利潤を取得できるように労働者には長時間労働をさせたり、または効率を良くするためのマニュアルを徹底させたりなどが行われる。加えて労働者に支払う賃金はコストになるので、できるだけ低く抑えるか、最低限の人数しか雇わないような方針がとられる。さらに、この利潤の追求に沿う働き方に労働者も労働環境も合わせられるようになる。このような環境では利潤追求の妨げになるものは排除される。この排除の中に、後で見るようにソーシャルワークが大事にしてきた実践も含まれる。こうして労働者は資本家にとって利潤を増やすための商品となり、資本家に購入された後は利潤増殖に用いられる道具（生産手段）に成り下がる。

　誰でも道具のように働くのは避けたいと思うはずなのに、社会のあらゆる場面で労働力の商品化が正当化されている。例えば教育機関で盛んに取り入れられるようになったキャリア教育は、雇用する側の企業が求める能力を学生のうちに理解して身につける過程の一つだ[4]。その結果、労働力の商品化が疑いようのない当然のものとして学生に刷り込まれる。これを今野は「賃労働規律」と呼んだ（今野 2021：69）。学生のうちから資本家にとって使い勝手のよい商品になるべきだとする「賃労働規律」が内面化される。

　労働力の商品化は、決して小さくない影響を社会福祉労働者にも及ぼしている。その具体的な例をイギリスのソーシャルワーカーから見てみよう。イギリスでは1970年代まで、ソーシャルワーカーは福祉国家の行政サービスの担い手であり、市場化とは一線を画した運営方針をとっていた。そのため、ソーシャルワーカーには専門職としての広い裁量権が確保されていた。ところが1980年代のサッチャー政権以降、社会福祉政策の市場化と福祉予算の削減とが同時に進められた。新自由主義色が強くなっていくにつれ、ソーシャルワーカーにも市場化によって利潤増殖「Value for Money」が規律化される。新自由主義は市場化を信奉する立場だ。ただし、ここでの社会福祉サービスは、完全な市場化ではなくて国家の資金援助、規制の枠組みのもとで行われるため、「準市場」とも呼ばれている。「準市場」では種々の規制があるので完全な市場化と比較して利潤増殖は難しい。ただし「準市場」といっても、新自由主義の「Value for Money」を国家の介入によって規制するのではなく、逆に後押し

するので、詰まるところ市場化に変わりない。よって支出を減らす目的で管理が徹底されてコストカットが強化された。

　また、社会福祉サービスへの国費の支出は、市場の競争原理から保護されているため非効率的だとする保守党政権の攻撃が市場化に拍車をかけた。社会福祉サービスの市場化は、例に違わずソーシャルワーカーにも労働者性を当てはめていった。経営の視点から合理的な運営を追求するため、ソーシャルワーカーにも効率を重視するように管理が強化された。その結果、専門的な裁量をソーシャルワーカーから奪ってしまったのである。

　このような政策は、ソーシャルワーカーの利用者理解や、人間関係、環境へのアプローチなどの実践を非効率的とみなし、市場化に不適合と評価する。こうしてソーシャルワーカーを予算管理や効率的な事業運営に資する「ソーシャルワーク・ビジネス」の担い手にしていった（Harris 2003：56-9）。さらに、ソーシャルワーカーの勤務状況やサービス資源の配分について、より厳しい管理が行われた。これはコンピューターの導入によって、ますます管理体制が強化されたことによる。例を挙げれば「ソーシャルワーク・ビジネス」に基づいて、一定期間に行われたアセスメントの数や、介入したケースにかかった時間などがコストカットの視点から評価される。まさに市場化による労働者性の強化といえる。そして利用者を消費者とする顧客観を定着させて、限りある社会資源の範囲内でできるだけ公費負担が発生しないようなサービスマネジメントが行われる。利用者のニーズに合わせるのではなく、低コストでサービスを当てはめていく傾向を強める。こうなるとソーシャルワーカーに専門性は不要なので「脱専門職化」が進み，ソーシャルワーカーが、サービス利用に立ちはだかる「門衛」（伊藤2006）に成り下がったと批判されることも当然だろう。

　では日本はどうか。日本の社会福祉分野にも、1970年代から市場化の萌芽が見られる。当時はオイルショックをきっかけに低成長時代へと突入した時期でもある。そこから政府によって社会保障などにかかる支出の抑制が進められた。合わせて地域内での相互扶助や、個人の自助努力で福祉を支えることでの公費削減と、民間活力を導入して競争原理を取り入れるなどの「日本型福祉社会」の方針がとられていった。これは森（2018）によると、「福祉の市場化の『第一歩』」ということになる。つまり、この頃から政府によって市場化は進めら

れていったのだ。

　その後、民間営利企業の参入を促進するために、1990年代後半からの社会福祉基礎構造改革を経て高齢者福祉の分野で介護保険制度（2000年施行）が導入される。この制度によって福祉の市場化が拡大していった。介護保険制度は介護報酬が政府によって決定されており、被保険者から保険料が徴収される。よって、決められた介護報酬を徴収した保険料で支払う仕組みとなっている。それを運営するのは市町村などの自治体だ。利用者が支払う自己負担分もあるが、1割から3割にとどまる。つまり、介護保険制度は政府や自治体によって公的な介入があり、市場化が完全に浸透していないことになる。そのため、日本の社会福祉分野もいわゆる「準市場」に該当する。そうであれば市場化とは異なるので、資本主義的生産関係に現れる労働者性は縮小させられるのではないか、との疑問が浮かぶ。だが実際にはイギリスでも日本でも、国家の方針として「Value for Money」の市場化が徐々に浸食していく。

　もともと、介護保険制度は介護の社会化を謳い、利用者とサービス提供者の対等な関係の構築、選択制度による利用者の自己決定、サービス情報の開示による透明化が目的でスタートした。これらは利用者を庇護されるべき者ではなく、権利を行使する当事者と位置づけた上で運営されることを意味する。しかし、蓋を開けてみれば民間事業者の参入によって競争原理が導入され、利用者は顧客となった。それは利用料が払えず、顧客とはなり得ない人びとが排除される構図を生む。また、公費削減による公的責任の後退も指摘されている（大塩・平岡 2018）。このような市場化の深刻な問題を、自身も特別養護老人ホームを経営した経験を持つ水野は具体的に指摘している。少し長いが以下に引用する。

　　利用者の呼称では、「○○さん」ではなく、「○○様」であり、「ご利用者さま、お客様」という用語が一般化しつつある。介護の現場では使い慣れない敬語や丁寧語の使用が、どこからともなく求められるようになった。この呼称や言葉使いの変化の背後には、介護する者と介護される者の共同の営みとしての介護観ではなく、介護される者をサービスの「消費者」として見なす顧客観がある。…略…

こうなれば、いかに効率よくサービスを提供し、利益を上げるかという競争へと転化する。家庭に問題を抱えるなどで手間のかかるケースや経済的に問題のある顧客は避け、利益の上げやすい客層を効率よくすくい上げる経営手法が社会福祉法人にも忍び寄ることになる。この結果、非営利、営利の垣根を越えた介護事業の「サバイバル競争」として、所得の高い層を標的にしたサービス展開と開発が必然化し、その対極で、介護サービスからこぼれ落ちる層が産み落とされることになった（水野 2015：160-1）。

　この説明は、制度設計の段階で一応盛り込まれていた利用者の権利が、市場化されたビジネスモデルでの限定的な消費者の権利に変換されたことを示している。利用者の自己決定も、「消費者として」という前置きがあって初めて認められる。さらに効率と利潤を上げることが目的となるため、適さない利用者は切り捨てられる。営利、非営利の垣根を越えて「サバイバル競争」が激化するというのは、公的な介入のある「準市場」の土台は市場化の掟で固められていることを示している。

3　疎外される労働（ソーシャルワーク）

（1）ソーシャルワーク労働者？

　これまでの流れを簡単に整理してみよう。資本主義的生産関係のもとにある社会福祉労働者には市場化の掟が強制的に適用され、労働者性が色濃く反映する。この労働者性は競争原理のもとで効率よく利潤を上げることを強制し、加えて労働力を擬制としての商品とする。ここからは、労働者性がソーシャルワーカーにどのように影響するのかを見ていくことにしよう。

　2018年度に実施された日本社会福祉士会の「ソーシャルワーク専門職である社会福祉士のソーシャルワーク機能の実態把握と課題分析に関する調査研究事業」（以下、社会福祉士会調査）の報告書からは、社会福祉士会会員の全体的な傾向が見えてくる。この社会福祉士会調査は、昨今、地域共生社会でのソーシャルワーク機能に寄せる期待値が高まっている現状から、実際のソーシャル

ワーク機能の発揮状況を調査したものだ。全国の社会福祉士会会員4万2107人に対して行われた悉皆調査（回答者7512人、回収率17.8%）と、15名の社会福祉士会会員を対象としたフォーカス・グループ・インタビューで構成されている。

　特にインタビューでは、ソーシャルワーク機能を阻害する要因に「裁量権が与えられていない」、「所属組織の上司の理解がない」などが確認されている。先のイギリスの例のように、裁量権や自律性が縮小されているのならば労働者性が反映していると考えられる。ただし、このインタビュー対象の15人は、管理者クラスが大半を占めており、ある程度の裁量権は保持していると予想されることから、管理者から見た現場のソーシャルワーカーの印象と捉えたほうがいいだろう。もっと言えば、この社会福祉士会調査は会員が対象であるため、そもそもソーシャルワークに対する「意識が高い」とも考えられる。16.8%（2022年3月）程度の会員加入率の組織に入会するほど、比較的熱心な社会福祉士の回答ということだ。

　次に少し違った角度から見てみよう。この社会福祉士会調査では、他に有している資格として、介護支援専門員（以下、ケアマネジャー）がおよそ54%を占めていた。ケアマネジャーは介護保険制度の施行と同時に誕生した資格だ。マネジメントと聞くと、イギリスの「Value for Money」を規律化した門衛のイメージが浮かぶが、本来ケアマネジメントはソーシャルワークの関連技法としてお馴染みのものだった。ケアマネジメントについて金子は、ソーシャルワークとの関係性から3つの立場を整理している。すなわち、①ソーシャルワークと同一視する立場、②ソーシャルワークの新しい技術とする立場、③応用ではあるがソーシャルワークとは違うとする立場である。日本では介護保険制度の導入によって、ケアマネジャーはソーシャルワーカー以外の専門職でも担えるようになった。そうすると、介護保険制度のケアマネジメントは、ソーシャルワークの応用ではあるが、別物なので、ソーシャルワーカーの専売特許ではないという③の立場を採用したと読み取れる。しかし、応用であることに変わりないため、面接技術などソーシャルワークの技法が不可欠であるとも金子は強調している（金子 2004：7-8）。あらためてソーシャルワーカーとケアマネジャーの関係を確認すると、一応別物として区別されている反面、ソー

シャルワークの技法が必要で、しかも、実際は社会福祉士にも多くのケアマネ
ジャーが存在しているという、なんとも複雑な実情が浮かんでくる。

　この構造から現れた影響は、例えば、介護保険サービスを提供する医療機関
では、高齢者関係の相談業務はケアマネジャー、それ以外は医療ソーシャル
ワーカーへと業務の分離に見られる。これは退院支援加算を得るために入退院
の回転数を上げることに貢献する。患者や利用者のニーズよりも効率と生産性
が優先される市場の掟がまたもや姿を現す[5]。病院という機関も、各種医療保
険による公的な運営である一方、競争原理による市場化の一部導入を考える
と、ケアマネジャーとソーシャルワーカーに労働者性が影響している可能性は
否定できない。このような環境下では患者や利用者に時間をかけて向き合う余
裕は持てないだろう。

　市場化の掟は介護保険制度に限って見られるものではない。本書の執筆者の
一人である桜井は、2013年から強化された生活保護制度に関連する「自立支援」
を「支援や保障の仕組みを制限する条件」と位置づけ批判的に検討している（桜
井 2021）。この仕組みのもとでは自立に資しない支援は抑制される。そもそも
桜井は、この「自立」概念に依存しなければ根拠を失う社会福祉のあり方を「援
助したい側が創り出した欲望の結果」と喝破した（桜井 2020）。

　生活保護は「国家責任の原理」により、国がその運営と生存権保障の責任を
持つ。いわば公的扶助の一種であり、市場化の掟よりも権利が優先されるはず
である。しかし、これまで見てきたように競争原理が働く新自由主義は、公的
機関をも市場の掟に従わせてしまう。先ほどのイギリスの例がまさにそうだっ
た。形としては公的な管理のもとにありながら、その管理の方針は「Value
for Money」をはじめとした市場化の掟が完徹される。国家の株主化である。
この現象は「自己調整的市場」が、市場そのものの力で社会を統制していくの
ではなく、その実、国家の介入によって政策的に市場化が進められるとのポラ
ニーの指摘の通りである。生活保護制度は、市場での競争には勝てない（仕事
につけない）ために、生産性がないとみなされる人びとが対象なので、保護費
はコストと判断される。コストを極限まで削減する目的で「自立支援」が押し
進められる。

　そのもとで働くケースワーカーはどうであろう。ここでのケースワーカーは

第3章　ソーシャルワークと社会福祉労働　69

社会福祉士などの専門資格を必ずしも要しないので、厳密にはソーシャルワーカーとは異なるかもしれない。ただしケースワークはソーシャルワークの代表的な技法の一つなので、先で述べたケアマネジャーと同様に、ソーシャルワークの応用的立場と捉えても間違いではないだろう。生活保護を担当している福祉事務所のケースワーカーは、公務員だ。公務員は民間営利企業の会社員とは異なる。しかし、被保護者への就労強化による自立支援が業務のウェイトを占め、ケースワーカーの業務量を増やす一方、裁量は縮小される。その結果ケースワーカーから自律性と仕事への意欲を奪う。このような傾向は労働者性の影響と一致している。

　これまで例を挙げたケアマネジャーや医療ソーシャルワーカー、ケースワーカーなどにみられる労働者性の共通項は以下にまとめられる。

　①市場の掟を守るために管理が強化される

　②裁量が奪われ自律性が縮小する

　③ソーシャルワークよりも市場の掟（効率と生産性）が優先される

　この共通項が見られるとき、ソーシャルワーカーはソーシャルワークができない。ここにモヤモヤの発生源がある。労働者性によってソーシャルワークを奪われてもなお、働かなければならない人びとを「ソーシャルワーク労働者」として、次はこのような労働に見られる特徴を、「疎外された労働」の概念から考えてみよう。

（2）疎外されたソーシャルワーク

　「疎外された労働」は、マルクスが経済学・哲学草稿でそのメカニズムを明かしている。肝となるのは労働者から労働のあらゆる統制権が奪われて、資本家に管理・統制されるという点である。こうなると労働の成果も労働に伴う充足感も労働者本人のものではなくなり（外化）、苦痛を伴う強制された労働となる。労働それ自体が他人に帰属した疎遠な活動になるばかりでなく、労働手段や労働環境までもが労働者に敵対する。もはや目的を持って労働することができなくなる。つまり、本来労働とは労働者自身の活動であるはずなのに、「疎外された労働」では制御も統制もできず他人のものとなって敵対していくのだ（佐々木 2021：274-84）。

この疎外に至る労働過程を詳細に分析したのがブレイヴァマンである。その分析の中で、「疎外された労働」は、労働者から労働の「構想」と「実行」が分離されることを明らかにしている。「構想」とは、たとえば仕事の目標や計画などで、「実行」はその「構想」通り行動に移すことだ。これらを分離するとは、労働者が自らの仕事を「構想」できず、経営者など資本家の「構想」に支配されて「実行」することを意味する。また、この「構想」と「実行」の分離に用いられたのが有名なテイラー主義である。テイラー主義とは、労働内容における細かい作業時間や生産ノルマ、休憩の過ごし方（喫煙や談笑など）までをも徹底的に規制・管理して、とにかく労働者から最も効率よく生産性を引き出す管理法だ。このテイラー主義の核心は「労働過程中になされる諸決定を統制することによって労働を統制すること」なのである（Braverman 1978：120）。このような労働は、資本主義的生産関係の労働者性による、最も完成された形だと言える。先に挙げたソーシャルワーカーへの労働者性の影響をもう一度確認してみよう。

　①市場の掟を守るために管理が強化される

　②裁量が奪われ自律性が縮小する

　③ソーシャルワークよりも市場の掟（効率と生産性）が優先される

　上記の影響は、「疎外された労働」の特徴に重なる。具体的には利用者のニーズではなくて、コスト削減などの方針を優先するように管理が強化され、加えてソーシャルワーカーの裁量や自律性が縮小される。時間をかけての利用者理解は制限されて、効率重視のマニュアルに沿ったアセスメント、支援プランが求められると同時に業務は煩雑になり負担は増す。「構想」と「実行」の分離によって全体的なソーシャルワークの流れが細切れにされる。専門性よりも管理された職務の遂行が評価される。ソーシャルワーカーが労働者性の影響を受け、「ソーシャルワーク労働者」になれば、その実践はもはや「疎外されたソーシャルワーク」と呼べるかもしれない。

　ここであらためて清水の労働論批判を振り返ってみたい。ソーシャルワーカーの抱える問題には、人間関係やストレス、クライエントへの虐待、クライエントからの暴力などもあり、その対処には人間の心理や社会、文化への洞察とその援用が必要だというものだ。しかし、「疎外された労働」は生産手段を

も労働者に敵対させる。生産手段には仕事を行う上で必要な道具や設備、環境、また直接働きかける対象も含まれる。つまり同じ職場の職員や利用者と敵対するのも「疎外された労働」の特徴なのだ。これは人間関係のストレスや、敵対によって起こる虐待、暴力につながる恐れがある。管理が強化され裁量がなく、効率を求められるために時間的余裕もないような環境に立たされた場合、その解決には人間の心理や社会、文化への洞察とその援用も有効ではあるとしても、根本原因は「疎外された労働」を課す資本主義的生産関係という現実的な諸条件にある。だから資本主義社会への批判的視点がないと、問題が骨抜きにされてソーシャルワーカーの自己研鑽以外の解決方法が語られなくなるのだ。

4 希望としての連帯

　ソーシャルワーカーが強固な労働者性から逃れるにはどうすればいいのだろう。その一つの解答として労働運動がある。主に組織された労働組合が経営者側（資本家）に対して、賃金などの待遇や労働環境の改善を訴えて実現を勝ち取る運動だ。労働組合の機能は、バラバラにされている労働者を結束させて、労働者間の競争を規制することだ。労働者間の競争とは、先の「賃労働規律」が影響している。とりわけ昨今の実質的平均賃金が下がり続けている日本では、少しでもマシな待遇を獲得しようと労働者間の競争が激化される。また、一度マシな待遇を手に入れるとそれを手放さないために、自ら進んで資本にとって都合のいい働き方に従う。つまり、労働環境の悪化は資本家の悪辣ぶりによるものだけではなくて、労働者間の競争も影響しているのである。
　この負のスパイラルを止めるのが、労働者間の組織化による競争規制だ。この組織が労働組合となる（木下 2021：75）。労働組合の実践に「団体交渉」がある。組織された労働組合の代表が、経営者側（資本家）に対して要求を訴え実現させる方法だ。この交渉に応じず、受け入れない場合は、意図的に仕事を放棄するストライキ等の団体行動が行われる。これら一連の活動が労働運動と呼ばれるが、いずれも憲法で保障された労働者の権利である。労働運動と聞くと、なんとも古典的で、現実には実効性がないと思われるかもしれない。しか

し、世界を見渡せばストライキは頻繁に起きているし、ストライキの日数と賃金の上昇は比例している（今野 2020：5）。実際に行動を起こして要求しないと待遇は良くならないという、身も蓋もない現実があるのだ。

　残念ながら日本ではストライキをはじめとした労働運動は現在かなり下火になっている。ここでは労働組合についての歴史には詳しく触れないが、日本の労働組合は個別の企業に所属する組合（企業別組合）である。このような労働組合では、例えば、ソーシャルワーカー全体の待遇や労働環境を良くしていくことはできない。結局、個別企業内での争議なので、その企業の裁量次第となるからだ。そこで重要なのは、職場を超えた連帯だ。例えば同一労働同一賃金、職務の形成や労働のあり方までを求めて、労働者が連帯する「ジョブ型」労働運動が欧州では発展している。この労働運動の特徴は一つの職場だけではなく、その産業全体の待遇改善が求められるということと、待遇面の要求にとどまらない点だ。労働内容や労働過程をも労働者が管理することが要求されている。

　ソーシャルワーカーのモヤモヤは「疎外された労働」が発生源だ。それはソーシャルワークが労働者性にがんじがらめにされて、ソーシャルワークの「構想」と「実行」が離されてしまう働き方だ。だから企業別組合のように、賃上げの要求（これも大事！）だけではモヤモヤは晴れない。ソーシャルワークの過程、内容など、ソーシャルワークそのものを取り戻す要求が必要だ。

　では、どうすればいいのだろう。そのヒントは利用者をも巻き込んだ連帯にある。社会福祉労働などのエッセンシャルワークは、その社会的重要性を社会に承認させることが有効だ。ストライキ等を実施して、「なくてはならない職業」の価値を社会に直接訴えるのである。これを今野（2020：212）は「職業の再建」と呼んだ。ただ、ソーシャルワーカーなどの社会福祉労働者のストライキは非現実的な印象がある。業務に緊急を要する場面が多く含まれるため、離れられないからである。だからこそ、疎外されたソーシャルワークの不当性と、欠かすことのできないソーシャルワークの重要性を利用者、クライエントと共有するのだ。SNSが発達した現代では、疎外された労働の不当性を広く訴えることが可能だ。実はこのような連帯は近年、保育士や学校教員のストライキなどで実際に見られている。

もう一つは職場を超えた連帯である。ソーシャルワーカーの国家資格である社会福祉士や精神保健福祉士には、全国組織の職能団体がある。各都道府県には下部組織もある。会員加入率は高くはないものの、人口規模は決して小さくない。この職能団体によって構築されたネットワークを活用し、ソーシャルワークの疎外への抵抗と、再建を目的とした新たな連帯を生み出すのはまったく不可能な話ではないだろう。もうすでに横のつながりはできているからだ。

　ここまで、ソーシャルワーカーが日頃から抱えるモヤモヤのその発生源を資本主義社会の構造から明らかにしてきた。そこには労働力の商品化に見られる「疎外された労働」の特徴が当てはまっている。しかし多くのソーシャルワーカーはこのままでいいとは思っていないはずだ。今までこの問題の解決方法は自己研鑽や業務独占化に求められてきた。これでは「疎外された労働」は変わらない。ソーシャルワーク労働者ではなくて、ソーシャルワーカーとしての「職業の再建」を果たすには、現実的な実践内容を自己で管理できるように取り戻すしかない。その契機は自分達が連帯して行動する以外にないのだと思う。ソーシャルワーカーの養成カリキュラムがいくら新しく改変されても、資本主義社会での市場化の掟がまかり通っている間は、労働者性に縛られたままだ。そろそろソーシャルワーカーがソーシャルワークのために反・資本主義の行動（ソーシャルアクション）を起こしてもいい頃だ。

1)　例えば、キア・ミルバーン（2021：26）は2016年に行われた調査から、アメリカの18
　　～ 29歳の若者の過半数は資本主義に否定的で、33％が社会主義に肯定的な傾向があるこ
　　とを示した。
2)　孝橋はあくまでも社会福祉という言葉は使用せず、社会事業を用いた。労働力の再生産
　　にあたるものは社会政策であり、例えば労働基準を定めた法律や、雇用保険、医療保険、
　　労働三権などが該当する。社会事業は、社会政策の補充と代替が役割であり、社会政策の
　　限界によって生み出される社会的問題（社会における関係的・派生的課題）に対応するも
　　のとされた（孝橋1962：142）。これがいわゆる社会福祉ということになる。
3)　ポラニーの主張の要点は、自己調整的市場は自然発生的に生じるものではなく、国家の
　　介入によって産出、維持されるという点である。つまり新自由主義の側からよく聞かれる、
　　国家による介入を排除することが「自己調整的」の条件とする説明は幻想であるという
　　のがポラニーの分析であった。その意味で、この自己調整的市場も「擬制」である。
4)　経済産業省が2006年に提唱した「社会人基礎力」には、大きく3つの能力が示されてい

る。すなわち「前に踏み出す力」、「考え抜く力」、「チームで働く力」である。これらの能
力を身につける目的は、個人と企業の成長のベクトルを合わせた生産性の向上にある（経
済産業省 2018）。どのような体裁を繕っても、結局は資本家の利潤増殖に資する労働力商
品の生産である。

5) 2016年の診療報酬改定で、平均在院日数を短縮する目的で退院支援加算が新設された。
これは退院を促進させるための人的、物的環境の基準が設定されて、より厳格な基準を満
たしている病院ほど加算が高くなる仕組みである。なお、社会福祉士が配置されていると
大幅に加算が増えることから、退院促進が社会福祉士の重要な役割の一つであると読み取
れる（野田 2018）。ただし、このような効率化は現場の労働者にもさまざまな捉え方があ
るが、肯定的であろうと否定的であろうと資本主義的生産関係下では労働者性が侵食して
いくことを強調しておきたい。

【参考文献】

秋山智久（2000）『社会福祉実践論』ミネルヴァ書房.

秋山智久（2007）『社会福祉研究選書3 社会福祉専門職の研究』ミネルヴァ書房.

Braverman, Harry.（1974）LABOR AND MONOPORY CAPITAL The *Degradation of work in the Twentieth Century*, Monthly Review Press, New York.（1978, 富沢賢治訳『労働と独占資本』岩波書店.）

Fisher, Mark.（2009）*Capitalist Realism : Is there no Alternative?*, John Hunt Publishing Ltd, UK.（2018, セバスチャン・ブロイ・河南瑠莉訳『資本主義リアリズム』堀之内出版）

Harris, John.（2003）*Social Work Business*, Routledge 11 New Fetter Lane.

伊藤文人（2006）「包摂の実践者か，排除の尖兵か？―イギリスにおける脱専門職化するソーシャルワーク」『日本福祉大学研究紀要―現代と文化』113, 123-141頁.

岩崎晋也（2017）「学問としての社会福祉の展開と課題」『社会福祉研究』130, 29-35頁.

金子努（2004）『高齢者ケア改革とソーシャルワークⅡ―ケアマネジメントの批判的検討とソーシャルワークの課題』Kumi.

経済産業省中小企業庁（2018）『「我が国産業における人材強力化に向けた研究会」（人材力研究会）報告書』.

木下武男（2021）『労働組合とは何か』岩波書店.

国税庁長官官房企画課（2021）『民間給与実態統計調査―調査結果報告』.

今野晴貴（2020）『ストライキ2.0 ブラック企業と闘う武器』集英社新書.

今野晴貴（2021）『賃労働の系譜学 フォーディズムからデジタル封建性へ』青土社.

公益社団法人日本社会福祉士会（2019）『厚生労働省 平成30年度 生活困窮者就労準備支援事業費等補助金 社会福祉推進事業 ソーシャルワーク専門職である社会福祉士のソーシャルワーク機能の実態把握と課題分析に関する調査研究事業 報告書』.

公益財団法人社会福祉振興・試験センター（2021）『社会福祉士・介護福祉士・精神保健福祉士 就労状況調査（令和2年度）結果報告書』.

公益財団法人社会福祉振興・試験センター（2023）『社会福祉士・介護福祉士・精神保健

福祉士の都道府県別登録者数（令和5年5月現在）』.

孝橋正一（1962）『全訂　社会事業の基本問題』ミネルヴァ書房.

Marx, K.（1867）*DAS KAPITAL I*（1967, 向坂逸郎訳『マルクス　資本論(三)』岩波文庫）.

Marx, K.（1968）*Karl Marx/Friedrich Engels Werke; Ergänzungsband: Schriften, Manuskripte, Briefe bis* 1844, *Erster Teil, Herausgegeben von Institut für Marxismus-Leninismus,* Dietz Verlag, Berlin.（2010, 長谷川宏訳『経済学・哲学草稿』光文社）

Milburn, Keir.（2019）*Generation Left,* Cambridge: Polity.（2021, 斎藤幸平監訳・岩橋誠・萩田翔太郎訳『ジェネレーション・レフト』堀之内出版）

水野博達（2015）『介護保険と階層化・格差化する高齢者─人は生きてきたようにしか死ねないのか』明石書店.

森詩恵（2018）「わが国における高齢者福祉政策の変遷と『福祉の市場化』─介護保険制度の根本的課題─」『社会政策』9（3）, 16-28頁.

西島善久（2019）『ソーシャルワーク専門職である社会福祉士のソーシャルワーク機能の実態把握と課題分析に関する調査研究事業　報告書』平成30年度生活困窮者就労準備支援事業費等補助金社会福祉推進事業, 公益社団法人日本社会福祉士会.

野田秀孝（2018）「医療費抑制と退院支援に関する一考察─保健医療機関の福祉専門職の役割に焦点を当てて─」『富山大学人間発達科学部紀要』12（2）, 37-43頁.

岡村重夫（1983）『社会福祉原論』全国社会福祉協議会.

岡村重夫・木田徹郎・孝橋正一・一番ヶ瀬康子（1968）「社会福祉の現代的課題─科学的体系化をめざして─」『社会福祉研究』130, 13-28頁.

大塩まゆみ・平岡公一（2018）「座長報告：福祉の市場化を問う」『社会政策』9（3）, 5-15頁.

Polanyi, Karl.（1944）*The Great Transformation: The Political and Economic Origins of Our Time*: Farrar & Rinehart.（2009, 野口建彦・栖原学訳『大転換　市場社会の形成と崩壊』東洋経済）

桜井啓太（2020）「生活保護における『三つの自立論』の批判的検討」『社会政策』11（9）, 91-101頁.

桜井啓太（2021）「生活保護における自立支援と統治─インセンティブ, コンディショナリティ, 産福複合体（貧困─産業複合体）」『大原社会問題研究所雑誌』753, 31-47頁.

真田是（1994）『現代の社会福祉理論─構造と論点』労働旬報社（再録：2012,『真田是著作集第3巻　社会福祉論』有限会社福祉のひろば, 261頁）.

佐々木隆治（2021）『シリーズ危機の時代と思想　マルクスの物象化論［新版］資本主義批判としての素材の思想』堀之内出版.

島田豊（1973）「第1章　社会福祉労働の理論」「福祉問題研究」編集委員会編『社会福祉労働論』鳩の森書房.

清水隆則（2012）『ソーシャルワーカー論研究─人間学的考察』川島書店.

第 4 章

隣の国では !?
韓国ソーシャルワーカーの教育、実践、連帯と運動

孔栄鍾

はじめに

（1）韓国の現況

　韓国における社会福祉士は、社会福祉事業法第11条第1項に「社会福祉に関する専門知識と技術を有する者」と規定されており、韓国社会福祉士協会では社会福祉士を「SOCIAL WORKER」と英訳している。社会福祉士の資格には1級・2級・3級[1] があり、社会福祉事業法施行令第2条に定める等級別の資格基準（**別表、98頁**）を満たすことで、各資格を取得することができる。

　韓国社会福祉士協会が毎年発刊する『社会福祉士統計年鑑』によると、社会福祉士資格の累計発給件数は2021年現在約130万件に達しており、当該年度だけでも9万3000件に上っている（**表1**）。

　また、社会福祉士国家試験の受験者数は2021年（第19回）に約2万8000人となっている。これは国家試験が実施されて以来最も多く、2003年（第1回）の受験者数約5000人から5倍以上増えており、年度毎に増減はあるもののおおむね増加傾向を示している（**表2**）。

　社会福祉士有資格者のうち、実際に福祉現場で働いている人は約1割程度であるとされているが（高橋 2020：111）、その数は2019年に10万人を超えて、2024年に約11.7万人、2029年には約12.3万人へと、今後も大幅に増加していくことが予測されている（김수현 외 2020）。

　整理すると、近年の韓国では社会福祉士有資格者が大きく増加しているとともに、国家試験（1級）の受験者数も増加傾向を示している中で、社会福祉士

表1　社会福祉士資格発給現況

年度	総計 当該年度	総計 累計	1級 当該年度	1級 累計	2級 当該年度	2級 累計	3級 当該年度	3級 累計
2011	69,992	482,807	3,635	94,623	66,164	375,776	193	12,408
2012	77,723	560,530	9,834	104,457	67,722	443,498	167	12,575
2013	77,087	637,617	6,060	110,517	70,847	514,345	180	12,755
2014	75,606	713,224	6,377	116,864	69,058	583,404	171	12,926
2015	75,848	789,071	6,783	123,677	68,871	652,274	194	13,120
2016	75,198	864,269	9,528	133,205	65,508	717,782	162	13,282
2017	73,771	938,040	5,603	133,808	68,005	785,787	163	13,445
2018	81,607	1,019,647	7,311	146,119	74,177	859,964	119	13,564
2019	87,472	1,107,119	7,747	153,866	79,724	939,688	1	13,565
2020	99,061	1,206,180	8,427	162,293	90,631	1,030,319	3	13,568
2021	93,233	1,299,413	16,356	178,649	76,871	1,107,190	6	13,574

注：2022年のデータは年度の途中までの集計だったため省略。
出所：한국사회복지사협회『社会福祉士統計年鑑』(2022)「付録表-2」。

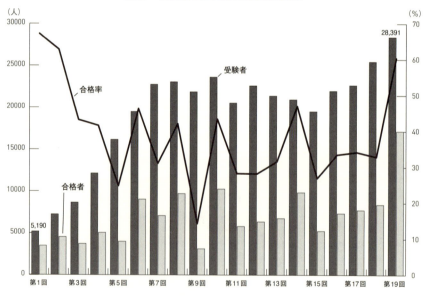

表2　社会福祉士国家試験受験状況

出所：한국사회복지사협회『社会福祉士統計年鑑』(2022)「付録表-1」から筆者作成。

の就職者数も増え続けていることがわかる。

こうした傾向の背景としては、①社会福祉士の養成機関の拡大により比較的簡単に単位および資格の取得が可能であること、②関連分野（精神・医療・学校等）の資格が社会福祉士を基礎資格として体系化されていること、③公的・福祉サービスの拡大に伴い支援体制の再構築や福祉専門職の拡充が進められていること（以上の①～③を『外的要因』とする）などが挙げられる。

とくに、福祉現場における求人および求職者が増えており、それに伴う社会福祉士に対する処遇の改善が図られていることも、注目に値する。

2020年の社会福祉士の平均賃金は3574万ウォンとなっており、2019年の3472万ウォン、2018年の3327万ウォンよりそれぞれ2.9％・7.4％増加している。ところか、10年前の2223万ウォンに比べて60.8％も増加していることを考えると、社会福祉士の賃金は着実に改善されてきていると言える。大雑把な比較になるが、全体労働者一人当たりの平均賃金が同時期に3828万ウォンで、前年度より2.2％、前前年度より5.0％増加し、10年前より44.8％増加している（国税庁統計より）ことに比べると、各資料の調査方法等による差を勘案しても、社会福祉士の賃金の変化は大きい。

また、社会福祉士の1週間平均労働時間も2018年の42.8時間から2019年の40.94時間へと改善の傾向を示している。2020年は43.1時間に伸びているが、同年はパンデミックが襲われた時期でもあり、福祉分野の業務量が普段より増加したことがその背景として考えられる。2021年には再び39.57時間に短縮されており、近年において社会福祉士の労働時間は減少傾向にあることがわかる。

（2）なぜ韓国に注目したのか

以上のような韓国の現況からは、社会福祉士国家試験受験者の減少傾向や社会福祉士の劣悪な労働条件など、前章（日田剛）で指摘された日本の状況とは少し「異なる様相」が見て取れる。本章での議論において、比較的観点から韓国に注目した理由はそこにある。

資本主義という社会構造的な側面と、少子高齢化という人口構造の変化及び産業構造の変形、貧困・格差問題など従来の社会問題に加えて多様化・複雑化

第4章　隣の国では⁉　韓国ソーシャルワーカーの教育、実践、連帯と運動　79

する生活問題の解決といった政策課題、新自由主義的な市場原理による福祉システムの変容とその限界という側面からも、日本と韓国における社会的背景の相違点は管見の限り見当たらない。それではなぜ、その課題解決の担い手となるソーシャルワーカー[2]をめぐる現状において「異なる様相」が見られているのだろうか。本章ではこうした疑問に対する答えを追究してみたい。

　予め筆者の見解を述べると、前述した『外的要因』に加え、①社会福祉にかかる教育・実践現場における「反省」と、②それを克服するためのソーシャルワーカーの自発的な「行動」が、③当事者を含む市民社会との「連帯」を促しており（以上の①～③を『内的要因』と称する）、これらの『外的要因』と『内的要因』の相互作用のもとで、労働者性を保ちながらも福祉実践者としての定着が実現化しつつあると考える。

　ここでは、とくに上述の『内的要因』に着目して論理展開していきたい。まず、韓国におけるソーシャルワーカーの資格制度の歴史を批判的に検討しながら、それにかかるソーシャルワーク教育および実践の発展過程において現れた問題と課題を確認してみる。そのうえで、それを克服するために展開されている近年の韓国ソーシャルワーカーの連帯・運動の内容とその意義について考察する。とくに、実際の具体的な事例として「世界を変える社会福祉士」（以下、「せばっさ」）の連帯活動・運動を通して、前章にて日田が指摘した「職場を超えた連帯」と「利用者をも巻き込んだ連帯」の視点から韓国におけるソーシャルワーカーの連帯と運動のカタチを分析し、日本への示唆を明らかにする。

1　韓国ソーシャルワーカーの資格制度の歴史

　韓国社会福祉士協会ホームページでは、社会福祉士資格制度の発展段階を次の4つの時期に区分して説明している。第1に1970年以前の「社会福祉施設従事者無資格の時代」、第2に1970年社会福祉事業法の制定時期から1983年社会福祉事業法の改正時期までの「社会福祉従事者資格証の時代」、第3に1983年法改正により社会福祉士制度が新設された「社会福祉士資格証の時代」、第4に2003年国家試験のスタートから現在に至るまでの「社会福祉士国家試験の

80

時代」がそれである。

ところで、2017年に韓国社会福祉士協会の創立50年を迎えて出版された『韓国社会福祉士協会50年史1967〜2017』において、「社会福祉士資格制度の歴史」（이용교 2017：89-149）が詳細にまとめられている。以下では、その資料を基に、上記の時代区分のうち資格制度が導入された1970年以降の発展過程について確認していく。

（1）資格制度の導入

朝鮮戦争（1950-1953年）以後、孤児院を中心とした社会福祉施設の整備が急速に進められ、「慈善事業家」と呼ばれていた社会福祉施設従事者が大きく増加した。だが、社会福祉施設従事者に関する資格制度は設けられていなかった。

資格制度が導入されたのは、社会福祉事業法が制定された1970年である。社会福祉事業法第5条で「社会福祉事業従事者の資格」が規定され、第6条では社会福祉法人における「資格証所持者」の雇用が規定された。これにより、社会福祉法人には施設長と従事者の一定割合を資格所持者として採用することが義務付けられた。

社会福祉事業法の制定は社会福祉士資格制度の歴史において重要な意味を持つ。ただし、なぜこの法律にて資格制度を導入したのかは、必ずしも明確ではない。社会福祉事業の法定化、社会福祉法人や社会福祉施設の設置・運営など社会福祉事業に関する基本的な事項を規定することが法制定の目的であって、社会福祉事業従事者に関する規定（資格証や配置基準等）は社会福祉事業を円滑に遂行するための付随的な事項であったと推測されている。

社会福祉事業従事者資格は、欠格事由がない人なら、大学で社会事業学科を卒業すること以外にも、社会事業従事者訓練を1か月〜8か月以上受けるか、社会福祉事業実務を1年〜7年以上経験するかのいずれか（最終学歴により設定された期間）で取得することが可能であった。当初、社会福祉事業従事者の資格を容易に取得できるようにしたのは、社会福祉施設で大卒の社会福祉事業従事者を確保することが難しいという背景があったからである。

当時は、「社会事業従事者」とともに「社会事業家」という名称もあったが、

後者は大学で社会事業学を専攻した人の通称として使われていた。社会事業家らは、勤労条件の良い外国民間援助機関（以下、外援機関）や社会福祉館などの利用施設を好み、劣悪な状況であった孤児院や老人ホームなどに代表される入所施設で働くことを回避する傾向があった。資格制度の導入後も、社会福祉事業従事者資格の取得経路によって、大学で社会事業学を専攻し卒業した人と、国立社会事業指導者訓練院（1957年設立、現・国立社会福祉研修院、以下、訓練院）で訓練を受けた人や社会福祉施設で働いた経歴で資格を取得した人に分化していった。

（2）社会福祉事業従事者から社会福祉士へ

既存の生活保護法（現・国民基礎生活保障法）、児童福祉法等に加えて1980年代に入り、老人福祉法、心身障碍者福祉法（現・障碍人福祉法）が成立していく。その中で、社会福祉事業法の1983年改正では社会福祉事業の拡大が図られた。また、社会福祉事業に対する捉え方にも大きな変化が見られた。初期の社会福祉事業が「要保護対象者」のための社会福祉施設の運営に焦点を当てていたのに対し、改正法では「地域住民」のための社会福祉館や各種福祉事業の運営などいわゆる地域福祉が重点化された。こうした社会福祉事業に対する視点の転換は、社会福祉事業従事者という資格名称を変える契機ともなった。

1970年代後半から、大学ではすでに社会事業よりは社会福祉という用語が用いられるようになり、社会事業学科が社会福祉学科に名称を変える傾向も見られるようになっていった。なお、社会福祉施設で働くイメージが強かった社会福祉事業従事者という呼称にも大学は批判的であった。そして、法改正を控えて社会福祉事業の地域社会への拡大が期待される中、社会福祉事業従事者も次第に訓練院で訓練を受けて資格を取得する人より大学で社会事業学を専攻した人が多くなりつつあった。これを背景に、1983年の改正において社会福祉事業従事者から社会福祉士への名称変更がなされた。

同時に資格制度の強化も図られた。社会事業・社会福祉学を専攻した人と、訓練院で短期間の訓練を受けた人や福祉現場で一定期間の実務経験を持つ人を同様に扱うことに、4年制大学を中心に不満が寄せられていたためであった。それゆえに、4年制大学で社会福祉学を専攻した人は社会福祉士1級に、専門

大学等を卒業した人は社会福祉士2級にして、高卒として訓練院の教育訓練を受けた人並びに一定期間の実務経験がある人は社会福祉士3級とする案が模索された。その結果、1984年に改正・施行された社会福祉事業法施行令の第11条にて資格の等級制が導入された。

このように、社会福祉事業従事者という名称を社会福祉士に替え、資格の等級制を導入したのは、「専門職」という社会的認定のもとで卒業生の利益を貫徹させようとした4年制大学の立場が強く反映された結果であると言える。しかし、大学で社会福祉学を専攻した人々は依然として外援機関や病院、社会福祉館などで働く傾向があり、入所施設など社会福祉施設で働くことを避けていたため、社会福祉施設におけるソーシャルワークの中心的役割を担っていたのは実務経験または短期間の教育訓練を受けて資格を取得した社会福祉士3級の資格所持者であった。

（3）国家試験の導入

社会福祉士の資格制度が導入されたにもかかわらず、資格所持者（1〜3級）は1990年まで8000人程度にとどまっていた。それが、1990年代に入るとその数が急増することになる。1995年に1万9000人、2000年になると4万3000人まで増加した。地域における社会福祉館の設立の法定化や社会福祉専門要員（現・社会福祉専担公務員）の行政への配置が義務化されるなど、社会福祉士に対する社会的需要の拡大がその背景にあった。また、この時期において社会福祉士の専門性をめぐる論議も本格化し始めた。

当時、4年制大学では「社会福祉学科」の卒業以外にも、社会福祉関連科目（必修10科目と選択4科目）を開設している社会福祉関連学科を卒業すると、社会福祉士1級資格が付与された。こうした制度体系に批判的であった韓国社会福祉協議会と韓国社会福祉士協会[3]は、すでに国家試験の導入を模索していた。だが、社会福祉士に対する待遇が低く、社会福祉施設で働くことが忌避される中で、国家試験の導入は時期尚早であるとの認識が強かった。

ところが、福祉に対するニーズの拡大や福祉サービスの拡大とともに、それを遂行する社会福祉分野の専門職への期待と必要性が高まり、現状のままでは専門性の向上を期待し難いと判断した韓国社会福祉協議会と韓国社会福祉協

会は、1999年入学生から国家試験に合格した人のみに社会福祉士1級を与える方案を保健福祉部に提案した。その結果、1997年改正法において国家試験制度が導入された。

　一方、1997年の法改正では社会福祉士2級の取得方法にも重要な変化が見られた。改正された制度では、社会福祉関連学科でなくても社会福祉関連科目を履修すると2級資格の取得を可能にした。つまり、大学では学科名称を変えず（例えば、行政学科→行政福祉学科）、社会福祉関連科目を開設することだけで社会福祉士の養成が可能になったのである。これにより、学生の募集に困っていた地方の大学・大学院を中心に社会福祉関連科目の開設が拡大され、社会福祉士資格の取得機会が全国的に広がった。また2000年代に入ると、遠隔大学（通信教育課程）や生涯学習院の単位銀行制[4]など2級資格の取得経路も拡大され、資格所持者の数はさらに急増することになる。

（4）職務・資格の多様化

　ソーシャルワーカーの労働市場は、伝統的な社会福祉施設の入所施設から1990年代の社会福祉館の増設により利用施設へ拡大された。また、社会福祉専担公務員の拡充、児童福祉法の改正による地域児童センターなどの法制化、老人福祉法の改正による老人福祉施設の多変化など、ソーシャルワーカーの職務は専門性に基づく福祉サービスの担い手として、さらに多様化していった。

　これを背景に、精神保健社会福祉士の法定化（1995年）、医療社会福祉士・学校社会福祉士の導入（2000年）、矯正社会福祉士協会（2013年）・軍社会福祉士協会（2014年）の創立など、韓国社会福祉協会を中心にソーシャルワーカーの専門性並びに社会的地位の向上のための取り組みが次々と推進されてきている。

　なかでも、社会福祉専担公務員をはじめ、社会福祉士を基礎資格として各専門分野の資格を上乗せる構図で関連資格が体系的に管理されているのは、日本と異なる韓国の特徴である。最近では、2018年の社会福祉事業法改正で、それまで各職能団体の認定資格であった医療社会福祉士と学校社会福祉士が2021年から国家資格化されたことも注目される。

　以上のように、専門職としてのソーシャルワーカーに対する社会的需要が高

まる一方で、その養成課程においても大きな転機を迎えている。韓国のソーシャルワーカーはどのような社会環境の下で教育を受けてきており、その教育内容について福祉実践現場はどう認識しているのか。次節では、韓国ソーシャルワーク教育の内容を福祉現場の状況と照らし合わせながら、その限界と課題について検討していく。

2　韓国ソーシャルワーク教育の現局面

（1）初期のソーシャルワーク教育

ソーシャルワークあるいはソーシャルワーカーという用語が韓国社会に紹介されたのは、「朝鮮戦争（1950年）後、多くの民間外国社会事業機関が韓国内で社会福祉事業を行ったころである」（李 2000：55-56）とされる。とくに、外国民間援助機関韓国連合会(Korea Association of Voluntary Agencies：KAVA)は、戦時と戦後の救護活動を総括しながら、韓国社会にソーシャルワークとソーシャルワーカーの必要性を認識させ、専門的な社会福祉事業の定着に寄与したと評価されている（이용교 2017：101）。

こうした時代背景は、一方では韓国独自の実践現場が形成される前に、外国、特にアメリカの臨床ソーシャルワーク実践モデルが移植される契機となった。アメリカのソーシャルワーク実践は、セツルメント運動を起点に社会環境問題に焦点を当てたマクロソーシャルワーク実践を重視する傾向があったが、1920年代以降になるとソーシャルワークの専門化への志向が高まり、慈善組織協会の伝統を継承した問題の焦点を個人に置く臨床中心のミクロソーシャルワーク実践が主流となった。このように発展したアメリカの臨床ソーシャルワーク実践が戦後の米軍政や外援機関等を通じて韓国に輸入されたことで、社会環境や社会構造的な問題へ関心を持つよりも、個人の問題解決に焦点を当てた臨床中心の実践が韓国社会に定着していったのである（김성천・이은정2012：177-178；김성천・김은재 2016：54）。

ソーシャルワーク教育も同様であった。大学では、1947年に梨花女子大学校が「キリスト教社会事業科」を開設し、1953年には中央神学校（現・江南大

学校）が「社会事業学科」を設置、社会事業に係る教育課程を通じて社会事業家を養成し始めた。だが、大学における初期のソーシャルワーク教育は、宣教師もしくはアメリカで留学した人や外援機関で働いた人が大学教員の中心を成し、韓国の実情に応じた理論や実践方法を開発するというよりも、アメリカの養成課程と教育内容を踏襲していたのである。実際、当時の社会事業学科の専攻科目を見ると、「グループワーク」、「ケースワーク」、「カウンセリング」、「レクリエーション」など、個別社会事業と集団社会事業を重視したカリキュラムとなっており、制度や政策に係る科目は開設すらされていなかったと言う（이용교 2017：98-100）。1950年代後半からは、ソウル大学校を始め多数の大学に社会事業学科が設置され、専攻科目として「社会立法」や「社会政策」などが加えられたが、その後もアメリカ式の教育課程や内容はそのまま持続された。

　このように、初期のソーシャルワーク教育は教科目や内容面でミクロソーシャルワークの実践方法に偏重していたため、ソーシャルワーク実践現場も自ずと臨床中心の個別社会事業が主流となっていった。個人を対象としたインテイクと相談援助及び治療中心のアプローチが主流を成し、根幹となる理論は精神分析、認知行動などの心理学理論であった。実践モデルも社会心理モデル、認知行動モデル、人本主義モデルなどの個人を変化させようとするモデルにその基盤を置いた。その結果、近年に至るまで社会福祉を専攻した学生や現場のソーシャルワーカーは、クライアントの問題やニーズに対する分析と対策を模索するうえで変化の焦点を主に個人と家族に置くという、微視的なアプローチを採る傾向が強く見られるようになった。福祉実践の成果も、個人の自尊心や自己肯定感の向上といった心理治療領域の目標を主要指標とする傾向が見て取れる。一方、クライアントが置かれた中視的、巨視的な社会環境の変化には関心が薄く、社会正義の実現を目標とする取り組みはあまり見られないのが現実である（김성천・이은정 2012：177-178）

　ここで専門職としてのソーシャルワークを強調する傾向が加えられ、韓国ソーシャルワーク教育の偏向はさらに促進されていくことになる。

（2）ソーシャルワーク教育の実践現場との乖離

　初期の社会事業学科や社会事業学界は、社会政策立案に関心を持たず、

1960年代から次々と導入された社会保障や社会福祉制度への貢献はあまりなかった。しかも、社会福祉サービス分野（実践現場）においても大きなかかわりはなかったと言う（남찬섭 2005：58）。

　一方で、同時期は福祉に対する社会的認識が徐々に高まり、社会福祉分野の専門人材の必要性が浮上した時期でもあった。大学が社会福祉制度や福祉実践現場に大きな関心を見せない中で、訓練院が現場で働く従事者を養成する実質的な教育業務を果たしていた。つまり、当時の福祉実践現場を担っていたのは、大学が批判していた訓練院で短期教育を受けた人々であったのである（남찬섭 2005：60）。

　前節で触れたように、大学は専門職としてのソーシャルワークを強調していたが、逆説的に専門職強調への志向は大学でソーシャルワーク教育を受けた人材が福祉実践現場に行かない現象として表れた。訓練院が1970年に発刊した『社会福祉従事者人力調査報告書』によると、当時（1969年）の社会福祉施設で働いていた従事者のうち、大学卒業以上の人は23.3％であって、そのうち社会事業学科を卒業した人は14.7％（従事者総数の3.4％）に過ぎなかった。一方、社会事業団体（法人および外援機関など）の場合には、大学卒業以上が70.8％に達しており、そのうち社会事業学科卒業者は27.9％（従事者総数の19.7％）に上っていたのである。これは、ソーシャルワーク教育が、当時の社会状況や環境、それに伴う社会問題に対応する福祉現場を念頭においた人材育成とは無関係に、専門職強調の下でアメリカ式の理論を単に教えるところに重点を置いていたという事実を示すものである（남찬섭 2005：60）。

　近年ではどうか。社会状況や社会構造の変化とそれに伴う新しい社会問題（少子高齢化、経済格差、労働問題等）が噴出する環境で、ますます重要な役割を果たすソーシャルワーカーの職場は多様化しており、その職務もさらに専門化しつつある。しかし、こうした中で、資格取得率と卒業後の就職率に目を向け、福祉現場が求める人材育成とはかけ離れてしまう大学も少なくない。なおかつ、学生募集に苦労していた大学では、国家試験が導入されて以来、いまだに資格取得を学生募集の手段としてのみ活用しているのではないかという指摘もある。

　時代の変化とともに、韓国のソーシャルワーク教育も多様化・深化した専攻

課程へ発展してきているのも事実である。社会福祉学科や大学院で多様な専攻科目を開設・運営し、多角的に社会福祉分野の専門知識を教育するとともに、実習プログラムや現場研修などを通じた実践能力の強化も推進されている。その背景には、より複雑化する社会問題から生み出されている生活課題と、それに対応するための社会福祉制度の拡大、そしてその担い手となる福祉専門人材（ソーシャルワーカー）に対する期待が高まったこともあるだろう。

　今では人権問題や環境問題など、従来の断片的な教育制度や内容だけでは対応し難い社会問題や福祉ニーズに直面している。しかも、ソーシャルワーカーには専門的な知識や技術だけでなく、人権に基づく倫理と価値が求められるのは言うまでもない。言い換えれば、ソーシャルワーク教育の制度やカリキュラム再編だけでなく、ソーシャルワーク教育のより根本的な理念に対する省察が必要な時を迎えているのであろう。

（3）ソーシャルワーク教育への省察

　「ソーシャルワーク専門職のグローバル定義」（2014年）では、「実践に基づいた専門職であり学問である」と、ソーシャルワークを定義している。またその実践とは、「社会変革と社会開発、社会的結束、および人々のエンパワメント」であると説明しており、ミクロな個人の変化だけでなく、マクロな社会変革・社会開発までがソーシャルワークの実践と教育の重要な目標であることを明示している。要するに、個人や集団の変化による問題解決だけでなく、問題の背後にある社会環境や社会構造を把握し、それを変化・変革させるための知識と価値を有する人材を養成することが、ソーシャルワーク教育現場の重要な使命であることは明らかである。

　しかし、現在の教育課程では、教育と現場との連携不足により現場経験を通じて理論を実際の状況に適用しながらフィードバックを受ける機会が限定されており、現場で発生する問題点と要求事項を教育過程に反映することも難しい。さらに教育内容には、社会環境や文化的な多様性を尊重し包容する教育が欠かせないにもかかわらず、多様性と人権尊重に対する配慮が不十分であるのが現実である。

　昨今の教育現場および学界では、ようやく韓国ソーシャルワーク教育をめぐ

る多様な議論がなされるようになってきており、省察的な批判も提起されてきている。具体的にはスキル中心の教育、社会福祉の多様な価値に関する考察やそれに係る教育の不在、アメリカ式学問の無批判的な移植と追従による教育の限界、資格取得を中心としたカリキュラムの問題、教育・現場・制度の不合など、ソーシャルワーク教育の面々に対する多角的な省察と批判である。

　2014年10月に開催された韓国社会福祉学会秋季学術大会では、「韓国社会福祉学&教育、変革を語る」をテーマに、韓国ソーシャルワーク教育が抱えている上記の問題や悩みについて、活発な議論を伴う代案が模索された。

　具体的には、必須科目の拡大や新たな教科目の構成など教科課程の改編、現場基盤の教育内容の開発、資格試験制度の改善、実習教育の強化と実習認証制の実施、教育者資格基準の整備など、教育システムや制度的側面で解決を図ろうとする代案的論議である。反面、このような代案については、韓国ソーシャルワーク教育の諸問題が表面的で可視的な教科過程の改編や制度的改善で解決できるかという、懐疑的な疑問も投げかけられている（우아영 2014：694）制度的かつ技術的な代案だけではなく、より根本的に「何を教えるのか」、「どのように教えるのか」、「なぜ教えるべきか」といった先行すべき本質的な省察が必要であるとの指摘もなされているのである（우아영 2014：699）。ソーシャルワーク教育の目標として、一般に福祉分野の専門職養成が掲げられているが、どんな専門職であるべきかという、ソーシャルワーク専門職に対するアイデンティティにかかる省察であろう。

　また、新しいソーシャルワーク教育に対する構想では、「固有の専門性を強化するために学問または資格のハードルをさらに高める必要がある」との立場と、逆に「ハードルを崩し受容的な姿勢を取ることで、より内実のあるアイデンティティをもたらすことができる」との立場が対立している。とくに、後者には福祉実践現場の範囲に対する問題提起も含まれている。現場と教育のつながりを重視する実践学問として、「理論を構成する概念と実践現場を規定する範囲ともに、その境界を緩めながら解体する作業が必要である」とし、「福祉サービスを提供する場」に限定される既存の概念を解体し、普段の「生活の場」までにその範囲を広げることで、「代案的で運動的な次元の社会福祉の風土」を作ることも期待できるという指摘である（우아영 2014：696、704）。この指

摘には筆者も共感しており、次節につながる内容でもある。

　重要なのは、このような議論を重ねることによって、ソーシャルワーク教育の根本的土台作り（見直し）と方向性の模索が期待されるところにあると考えられる。

3　韓国ソーシャルワーカーの連帯と運動

　韓国のソーシャルワーカーは、福祉分野に到来している「危機」にどう気づいて、いかに乗り越えようとしているのか。以下では、韓国社会における福祉現場の変容と、それとともに現れたソーシャルワーカーによる社会福祉運動の展開過程を確認しながら、近年の具体的な事例として「せばっさ」の連帯活動と運動に着目し、その意義について考察していく。

（1）福祉現場の変容

　韓国社会では1997年の通貨危機を克服する過程で、市場の機能を大幅に拡大し、国家の役割を最小限にするという、新自由主義的な市場原理に重点を置いた改革に乗り出した。社会福祉分野も例外ではなかった。

　この時期に発生した大量の失業者・ホームレスなど社会問題への対応は、一部だが福祉制度や福祉現場をさらに拡大する契機となった。しかし同時に、社会福祉領域にも新自由主義的な成果主義が積極的に導入された。社会福祉を拡大させる一方、それにかかる国の財源を極力に抑えようとする動きの下で、社会サービスの市場化と社会福祉分野における競争システムおよび成果主義の導入が本格化したのである。

　こうした新自由主義的な成果主義の圧力は、ソーシャルワークの本来の目的であるはずの社会正義の実現、人権保障など権利擁護とはかけ離れて、実践課程よりは結果を重視し、効率性を高めて「成果」を創出することが重要な「価値」となる風潮を作り出し始めた。しかも、非営利組織である社会福祉組織であっても、公的資源の使用に伴う責任を明確にし、それを統制しようとする動きが社会福祉施設評価制度として確立された。

この評価制度による成果主義の具現化は、提供する福祉サービスの有効性や実践過程に対する省察よりも、効率性に基づく結果中心の可視的成果のみを追求する実践へと福祉現場を変容させた。それゆえに、その可視的成果が具体的に利用者の生活の質の向上に貢献したのかという本来の価値実現の要求は福祉現場から消えつつある（이인숙 2017：240-241）。

　こうした新自由主義的成果主義が社会福祉実践現場に及ぼす影響について、関連文献では次のような指摘がなされている。まず、社会福祉実践の結果を計量化し、それを文書化・電子化しなければならないため、これに消費される時間がますます増えている、との指摘である。募金額や連携件数、訪問件数、ケース発掘件数など実績を評価基準とし業務を強制する枠組みの中で、ソーシャルワーカーは実績化する作業に埋没し、利用者との相互作用を急激に減らすことになってしまう。また、成果主義の導入は、ソーシャルワーカーの業務や役割、職業観、そして専門的アイデンティティにも影響を与えた、と言う。可視的成果づくりに集中しなければならない現場のソーシャルワーカーは、社会福祉組織の利益を最優先とし量的な実績中心の成果を志向する競争的なビジネス目的に没頭することになってしまう。利用者との関係でも統制的な態度を取りやすくなり、福祉実践者としての疎外を経験したり絶望感を抱いたりするなど、心理的に追い詰められていく状況に陥っている、との指摘である。ほかにも、新しい形態の民間組織が増える中で、契約職、臨時職やボランティアなどに依存する福祉領域が拡大しており、不安定な福祉労働人口を量産しているとの指摘もなされている（이인숙 2017：246-247）。

　これらの指摘は、大学卒業後に数年間（2009年5月〜2012年12月）韓国の福祉現場で働いた筆者の経験からも否定できない「現状」であり、いずれも看過できない新自由主義的成果主義がもたらす福祉現場の変容であると言える。

（2）ソーシャルワーカーの連帯と運動の契機

　1987年民主化以降の社会運動は、小規模の集会とデモを通じて批判世論を形成する消極的形態から積極的形態の政治参加及び制度改革、そして生活政治の活性化形態へと進化・発展してきた。とくに、2016年10月に始まった大統領弾劾を訴えた大規模の「ろうそく集会」は、「社会運動の質的変換過程で拡大・

深化した市民の民主的信念と態度が、国家的危機の瞬間に爆発的に表出された象徴的な出来事」(우대식・우기동 2018：190) として認識されている。

　一方、社会福祉分野でも、時代の流れに伴い社会福祉運動の試みが各地で現れてきた。前述したように、社会福祉実践領域では残余的なケースワーク中心のサービスが主流となっていたが、このような「傾向性」に従わずに「反傾向性」を持ち抵抗するソーシャルワーカーと社会福祉団体・組織の動きが現れはじめたのである。

　さらに韓国の場合、1997年の通貨危機以後、国家の社会・経済的危機の下で国民の大半が福祉の対象者でありながら支援者の役割を同時に遂行することになり、住民の問題解決のための力量強化を通じて地域社会内の社会問題を自主的な力で解決しなければならないという状況に直面するようになった (이재완 2013：5)。この時期に地域社会福祉運動団体が登場する。初期の地域社会における福祉運動団体活動は、地域特性に応じて民間レベルで、自主的な地域の社会的弱者に対する直接サービス提供と地域社会福祉政策の開発、社会行動など様々な形で現れた (이재완 2013：6)。近年では、人間尊厳と社会正義を核心価値に置き、権益擁護や福祉領域におけるジェンダー観点の拡散などをミッションに置きながら活動を広げている。

　このような活動を通じてソーシャルワーカーたちも社会運動へのアクセスがより容易になり、全国単位の組織化も可能になる。また福祉現場でクライアント (当時者) の生活問題を目撃し、その背後にある社会構造の変革が必要であることを認識するようになる。さらに、同じ問題意識を持つソーシャルワーカー個人あるいは組織に出会ったときに様々な形で社会福祉運動が触発され、そして社会運動の性格を持つ巨視的なソーシャルワークの実践、価値の実現が可能になるのである。

(3)「せばっさ」活動の展開とその意義

　ここからは、その具体的な事例として、「せばっさ」活動を紹介する。そこに、近年の韓国ソーシャルワーカーの運動のカタチとそのチカラを理解できるヒントがあると考える。

どのような組織なのか

正式名称は「세상을 바꾸는 사회복지사」(訳：世界を変える社会福祉士）であるが、一般にその頭字語である「세밧사」がよく使われている。「せばっさ」は、「正義・人権・平等・連帯・民主主義」といった5つの規範に基づいた普遍的福祉国家の実現のために福祉運動を展開する社会福祉士の集いである。「せばっさ」はこれを、「社会福祉士らしく社会福祉をしたい人々の集い」であると簡潔に説明している。分野や職務、職位に関係なく、社会福祉士としての共通の目標を遂行するための連帯組織（「職場を超えた連帯」）と言える。

この組織のメンバーは、活動の目的に同意する社会福祉士有資格者として、大きく分けると活動会員と支持会員の2つで構成される。活動会員は加入願書を提出し会費を納付する会員であり、支持会員は一定額の会費を納める会員を指す。社会福祉士資格を有しない人でも、会員加入を希望する者は特別会員としての加入が可能である。2022年2月現在、活動会員は101名であり、支持会員は正確には把握（公表）されていないが、400名の支持会員を組織することを成果目標として掲げている。

役員は代表1名、運営委員7〜15名、監査2名で構成されており、ほかに事務局（事務局長と幹事）を運営している。運営委員会は月例会議にて実施しており、2019年2月15日に「第1次せばっさ定期総会」を開催して以来、年次総会を実施している。

なぜ立ち上げたのか

「せばっさ」が団体として立ち上がったのは2013年（活動は2012年から）のことで、2023年に10周年を迎えた。当時から「せばっさ」の代表を務めるイ・ミョンムク氏は、その背景について次のように述べている。

「2011年、我が国（韓国）に福祉国家運動の風を引き起こした福祉国家ソサエティー（society）[5] に私も参加していました。市民団体の指導者や活動家、政治家、学者など、多様な人たちが福祉国家建設のために取り組んでいました。ところが、（そこに）社会福祉士はいませんでした。福祉国家を創るための運動なのに、私たちの使命なのに、なぜいないのか。恥ずかしさがこみ上げてきました。」[6]

「講演会には70〜100人の社会福祉士たちが参加していました。遠く地方からも集まってきたんです。ところが、講演には参加しても行動はしませんでした。それで立ち上げたのが、せばっさです。」[7]

何を目指しているのか

2012年7月に「1次福祉国家のための市民ろうそく集会」を主催して以来、月1回の開催を継続してきた「福祉国家ろうそく」は、2022年8月に100回目を迎えた福祉運動集会である。「福祉国家ろうそく」は、「せばっさ」だけではなく、7つの団体が「福祉国家ろうそく連帯」の名前の下でともに開催している。また、福祉国家となるために必要な価値と哲学（前述した5つの規範）にかかる学習会や講演活動を行い、社会福祉士の連帯を拡げている。さらに、その時々の深刻な社会問題を告発しその代案を探りながら、ソーシャルアクションをも展開している。

こうした活動の目的については、次のように説明する。

「一つは、韓国社会の反福祉的社会構造を変え、韓国の人々が実質的な自由と人間らしい生活を享受しながら生きていける、福祉国家を創ることです。もう一つは、より多くの社会福祉士がともにするせばっさとして育て、韓国が福祉国家へ進むのに社会福祉士が参加できる道を磨くことです」[8]

こうした活動の根底にある「せばっさ」のメンバーたちの問題意識はなにか。その答えは、社会福祉士としてのアイデンティティに関する自らに対する問いかけにあると語っている。

「社会福祉士は何をしている人なのか？（中略）宣誓文では社会福祉士を『人権の擁護者、社会正義の実現者、公益の守護者』と定義しています。その社会福祉士の本質的アイデンティティを認識してそれに近づこうと努力したのか？　現場のプログラムに過度に埋没してはいないのか？　理想と現実にギャップがあるなら、その乖離を狭めるために何をしたのか？　自分に問いかけることが重要だと思います。」[9]

「せばっさ」のこれまでとこれから

　「せばっさ」のソーシャルアクションは、2013年に社会福祉公務員の連続自殺事件[10]が起きたとき、保健福祉部庁舎の前で100日間「一人デモ」と「ろうそく集会」を行うことで、すべての大手マスコミが関連内容を特集で報道するように企画したことから始まった。

　2014年からは、基礎年金の導入とともに「与えて奪う基礎年金」[11]問題が提起され、これに対する「糾弾大会（デモ）」を展開し、現在まで続けている。また、希少・難治性疾患の子どもの医療費を募金に依存する慣行をやめさせ、公的保障とするために始めた「子ども病院費国家保障」運動が、2017年の大統領選挙で候補者らの公約として取り上げられ、関連制度の導入が進められているところである。

　こうしたソーシャルアクションの今後の活動計画としては、第一に「子ども病院費国家保障」が実現されるまで運動を続けるとともに、これに満足せずに「18歳未満の子どもの病院費に、100万ウォン上限制を導入すること」を3年以内に実現させて、「病院費の心配のない社会」への一歩を達成することなどが提示されている。第二に、「与えて奪う基礎年金」の憲法訴願を着実に推進し、基礎年金の公平性問題を解決すること、第三は、「福祉国家財源確保」のための増税運動を始めることであるとしている。そして、このような一連のソーシャルアクションを継続的に実行していくためには社会福祉士の参加が切実であり、そのために社会福祉士が実践と運動の連携性を認識し共有できるよう、全国を回って福祉国家運動を継続していくことが重要な課題であるとされている。

　こうした取り組みは、「彼らだけのリーグ」ではなく、当事者や市民をも巻き込んだ連帯であり、それこそが「せばっさ」活動が目指す運動のカタチであると、筆者は考える。その様子はColumn①（キム：101頁）からもみてとれる。

おわりに

　本章では、韓国におけるソーシャルワーカーをめぐる現状において、国家試

験受験者の増加傾向や労働環境・処遇の改善など、第3章で指摘された日本の現状とは「異なる様相」が見られている背景について追究してきた。その結果、養成機関や資格取得方法の拡大、分野別資格制度の体系的な管理・運営、公的・福祉サービスの再整備に伴う福祉専門職の需要拡大といった『外的要因』に加え、社会福祉の変質・変容に対する福祉教育・実践現場の省察と反省、それを克服するためのソーシャルワーカーの自発的な行動と連帯といった『内的要因』が相まって、労働者性を保ちつつ福祉実践者としての定着が進んでいることが確認できた。そして、それらに対する考察結果から得られた見解として、「福祉実践者としての定着」を促すためには「労働者性」が確保される必要があるという点を、強調しておきたい。しかも、韓国の事例はその労働者性は「与えられるもの」ではなく、「勝ち取るもの」であることを教えてくれる。

　2013年の1月から3月にかけて発生した「社会福祉士専担公務員連続自殺事件」をきっかけに、「せばっさ」を中心に福祉関連従事者の労働環境や処遇の改善を求める運動が100日間展開され、福祉従事者に対する劣悪な処遇が社会的にも広く知られることとなった。また、ソウル市の広域及び基礎地方自治体で運営する精神健康増進センターで働いていた精神保健事業従事者らは、2016年2月に保健医療労働組合ソウル市精神保健支部を結成し、同年10月には安定的なサービスの提供のための実務者の安定的な雇用環境の整備、安全に対する対策づくり、労働環境の改善などを求めて、全体従事者345人のうち290人余りが51日間の断食・野宿などのストライキを行った。

　こうした取り組みのもとで、福祉従事者の実質的な労働環境や処遇の改善が図られてきている。2018年12月には宣言的なものにとどまっていた「社会福祉士等の処遇および地位向上のための法律」（2011年制定）が改正され、福祉従事者の処遇改善と地位向上のための国家と地方自治体の実質的な措置・履行義務が規定された。具体的には、福祉従事者の賃金水準を公務員に準ずるよう処遇改善の基準点を明確にするほか、その実態の調査・公表が義務化された。また、2021年12月の改正では法第3条（社会福祉士等の処遇改善と身分保障）の2が新設され、保健福祉部と広域・基礎自治団体に社会福祉士等の処遇改善に関する事項、適正な人件費基準等に関する審議を行う「処遇改善委員会」の設置が義務化された。これにより、2022年8月現在、全国17の広域自治団体と

226の市・郡・区のうち216か所（95%）で関連条例が制定され、福祉従事者に対する傷害保険料、補修教育費、処遇改善費などを支援する事業が進められている。

　しかし、このような中でも、「せばっさ」が言うように、「10年前に若手社会福祉士として組織連帯を作った会員たちが、現在は中間管理職または施設の代表を務めることになり、現役の若手社会福祉士の参加を促すことに困難を感じている」という悩みもある。それでは、現役の若手社会福祉士たちは、現在の福祉実践と運動について、どのような考えを持っているだろうか。これを理解するのが、今後の方向性を考えるうえで、重要な課題となるのであろう。

　韓国社会福祉士協会が発刊する「月刊ソーシャルワーカー」（2023年12月号）では、「青年たちが語る社会福祉と現場、そして福祉国家」をテーマにした懇談内容を掲載している。以下にその内容の一部を紹介して、本章を結びたい。

　　「国家の予算や制度より、本質的なものを変えていかなければならない。そうするためには、私たちが声を集めなければならないと思う。」

　　「施設を利用する当事者の方には、本人の権利を勝ち取るためには声を出さなければいけないと言いながら、自分は現場でどのように声を出しているのか振り返るようになる。」

　　「昔には実際に行動してデモを起こし闘争を通して勝ち取ってきたとすれば、今はパソコンの前で行う政治も多くなり、しかしこれも窓口（プラットフォーム）がないから空白が生じるほかならないと思う。それゆえに、今の世代に合わせて、より明確で簡単に参加できる方法についての工夫も必要であると考える。」

第4章　隣の国では⁉　韓国ソーシャルワーカーの教育、実践、連帯と運動　97

【別表】 韓国の社会福祉士の等級別資格基準

等級	資格基準
社会福祉士1級	社会福祉事業法第11条第3項の規定による国家試験に合格した者
社会福祉士2級	①「高等教育法」による大学院で社会福祉学または社会事業学を専攻し、修士学位または博士学位を取得した者。ただし、社会福祉学または社会事業学ではない分野の学士学位を修得し、社会福祉学または社会事業学の修士学位を取得した者は、保健福祉部令が定める社会福祉学専攻教科目と社会福祉関連教科目中、社会福祉現場実習を含む必修科目6科目以上（大学で履修した教科目を含むが、大学院で4科目以上を履修しなければならない）、選択科目2科目以上をそれぞれ履修した場合に限り、社会福祉士資格を認める。 ②「高等教育法」による大学で保健福祉部令が定める社会福祉学専攻教科目と社会福祉関連教科目を履修して学士学位を取得した者 ③法令で「高等教育法」による大学を卒業した者と同等以上の学力があると認める者として、保健福祉部令が定める社会福祉学専攻科目と社会福祉関連教科目を履修した者 ④「高等教育法」による専門大学で保健福祉部令が定める社会福祉学専攻教科目と社会福祉関連教科目を履修して卒業した者 ⑤法令で「高等教育法」による専門大学を卒業した者と同等以上の学力があると認める者として、保健福祉部令が定める社会福祉学専攻科目と社会福祉関連教科目を履修した者 ⑥社会福祉士3級資格証所持者として、3年以上社会福祉事業の実務経験がある者
社会福祉士3級	①「高等教育法」による専門大学を卒業した者または法令でこれと同等以上の学力があると認める者として、保健福祉部長官が指定する教育訓練機関で12週以上の社会福祉事業に関する教育訓練を履修した者 ②高等学校を卒業し、または、これと同等以上の学力がある者として、保健福祉部長官が指定する教育訓練機関で24週以上の社会福祉事業に関する教育訓練を履修した者 ③3年以上の社会福祉事業の実務経験がある者として、保健福祉部長官が指定する教育訓練機関で24週以上の社会福祉事業に関する教育訓練を履修した者 ④社会福祉事業法第2条第1項の規定による業務に8級又は8級相当以上で3年以上従事した公務員として、保健福祉部長官が指定する教育訓練機関で4週以上の社会福祉事業に関する教育訓練を履修した者

備考：1. 外国の大学または大学院で社会福祉学または社会事業学を専攻し、学士学位以上の学位を取得した者として、等級別資格基準と同等の学力があると保健福祉部長官が認める場合には、当該等級の社会福祉士資格証を交付できる。

2. 社会福祉士3級内容は、2018年4月24日付の一部改正によって削除された。

1) 社会福祉士3級は、社会福祉事業法第11条2項の改正（2017.10.24）により2019年1月から廃止され、従前の規定により発給された3級資格のみ経過措置として残っている。

2) 韓国では、社会福祉士を基礎資格とし、関連分野（精神・医療・学校等）の資格を積み上げる構図になっていることから、本章においては「ソーシャルワーカー」と「社会福祉士」を同様の意味合いとして扱うことにする。

3) 韓国社会福祉協議会は、1997年8月に公布された社会福祉事業法第33条の規定による法定社会福祉法人である。1952年2月に韓国社会事業連合会として設立され、1970年5月に現在の名称に変更された。一方、韓国社会福祉士協会（社団法人）は、1965年7月に個別社会事業家協会として創立され、1967年3月に韓国社会事業家協会に改称された後、1985年7月に現在の名称に変更された。

4) 単位銀行制とは、「単位認定等に関する法律」（1998年3月施行）に基づき、学校だけでなく学外で行われる様々な形態の学習および資格を単位として認められるようにし、単位が累積され一定基準を満たせば学位取得を可能にした制度である。

5) 福祉国家ソサエティー（society）は、2007年7月に創立された社団法人として、普遍的な福祉国家を実現しようとする市民社会研究団体である。

6) 함께걷는아이들（社会福祉法人）企画＆コラム「［一緒に歩く子どもたちインタビュー］世界を変える社会福祉士、イ・ミョンムク代表」（2018年8月30日）https://walkingwithus.tistory.com/538

7) 서울특별시사회복지사협회「［パワーインタビュー］イ・ミョンムク世界を変える社会福祉士代表」（2018年4月16日）https://sasw.or.kr/zbxe/interview/444535

8) 注7）と同様。

9) 注7）と同様。

10) 社会福祉士の連続自殺事件は、2013年1月31日に龍仁市で29歳の社会福祉専担公務員が自殺したことを皮切りに、2月26日に城南市で3か月後に結婚式を控えていた女性の社会福祉専担公務員が自殺、3月19日には蔚山市で幼い子どもを持つ30代の社会福祉専担公務員が自殺した事件を言う。いずれも、業務過重による精神的ストレスによるものと指摘されている。

11) 「与えて奪う基礎年金」とは、65歳以上の所得下位70％の高齢者に支給される「基礎年金」が、基礎生活保障（生活保護）受給者の高齢者には「所得」として計上されるため、生計給付から基礎年金額が削減される問題を意味する。基礎年金は韓国の高い老人貧困率の解決のために導入されたが、事実上、最も貧困な高齢者には届いていないことが問題となっている。

【参考文献】

日本語

李英芬（2000）「韓国社会福祉士の現況と課題」（＝株本千鶴訳）『人文学報』No.310（社会福祉学 16），55-86.

高橋明美（2020）「韓国における社会福祉士の養成と現況」『敬心・研究ジャーナル』4（2），

109-118.

韓国語

김성천・김은재（2014）『歪んだ社会福祉批判―急進社会福祉実践者たちの現場物語り』ハッチサ.

김성천・김은재（2016）「急進社会運動家たちの社会福祉実践現場経験に対する現象学的研究」『韓国社会福祉学』20，53-77.

김성천・이은정（2012）「韓国社会福祉実践方法の不均衡に関する研究―社会福祉実践関連教科目を中心に」『韓国社会福祉教育』20，176-202.

김수정（2007）「社会福祉士の社会行動（Social Action）実践過程に関する研究」梨花女子大学校大学院社会福祉学科2006年度博士学位請求論文.

김수현 외（2020）『中長期人力需給修正展望2019-2029』韓国雇用情報院.

김혜미（2019）「社会福祉士の社会運動参与と社会運動家への変化過程」中央大学校大学院社会福祉学科社会事業専攻第131回修士学位論文.

남찬섭（2005）「社会福祉歴史紀行―1960年代の社会福祉④」『月刊福祉動向』86，57-62.

세상을바꾸는사회복지사（2022）「世界を変える社会福祉士定期総会資料集」（配布資料）.

우대식・우기동（2018）「韓国社会運動の質的変化と民主主義の鞏固化―87年民主化以降の社会運動の形式と内容の変化を中心に」『統一人文学』74，189-226.

우아영（2014）「社会福祉教育の本質に対する反省的考察」『韓国社会福祉学会学術大会資料集』，694-715.

유동철（2014）「21世紀韓国社会福祉教育と実践の課題―価値を中心に」『韓国社会福祉学会学術大会資料集』，803-818.

이봉주・김기덕・유태균（2014）「韓国社会福祉教育、何を志向し教えるのか」『韓国社会福祉学会学術大会資料集』，1-31.

이용교（2017）「社会福祉士資格制度の歴史」韓国社会福祉士協会50年史編纂委員会『韓国社会福祉士協会50年史1967～2017』，89-149.

이인숙（2017）「社会福祉実践現場の新自由主義的成果主義の逆説―社会福祉士の経験を中心に」『韓国社会政策』24（1），239-275.

이재완（2013）「韓国地域社会福祉運動の発展と課題」『月刊福祉動向』182，4-8.

최아영（2023）「［ISSUE REPORT］青年たちが語る社会福祉と現場，そして福祉国家」韓国社会福祉士協会『月間ソーシャルワーカー』253，18-21.

한국사회복지사협회（2010～2022）『社会福祉士統計年鑑』保健福祉部.

Column ①：筆者と「世界を変える社会福祉士」

社会福祉士　김혜미

　筆者は1994年生まれの韓国の女性である。韓国で流行っているアルファベットで分類する世代論には込められない年齢であると考えている。

　筆者が社会福祉士という道を選んでからの生活を振り返ってみると、新しい経験と挑戦の連続であったと感じる。韓国という小さな国で、そのような「道」を無理なく歩んで来られたのは、ここで紹介する「世界を変える社会福祉士」という社会福祉士団体が背景にあったからだ。

　韓国も他の東アジア国家のように、非常に家父長的で学歴にもとづく学縁、出身地域にもとづく地縁、出身家庭にもとづく血縁を重視する国であり、保守的な社会である。しかし一方では、経済成長と民主主義が急速に進展した社会でもある。筆者は、他国から韓国を眺めるときには、経済成長の観点よりも民主主義成熟の歴史的背景に関心を持ってほしいという素朴な願いがある。そのほうが、韓国の市民社会運動と社会福祉士の情熱を理解することに、より大きな助けになると確信するからである。

簡単ではない道

　韓国において社会福祉士たちが各自の政治的信念あるいは宗教的信念を示すことは、これまで非常にハードルが高かった。社会福祉が資本主義とともに発展してきたという言説・主張を否定するのは難しいし、特に韓国の場合、朝鮮戦争以後、宗教の影響を強く受けてきたからである。

　こうした状況のなかで、大多数の社会福祉士たちは、大学などで「社会福祉学」を履修し、国家資格を取得した後に、「地域社会に献身する」社会福祉機関に従事する道を選ぶことになる。しかし、（日本がもっと良い状況なのかはよくわからないが）ほとんど全国一律である社会福祉学科の学修課程に疑問を抱く人々もいないわけではない。

　たとえば、韓国の大学における社会福祉学科のカリキュラムは、ほとんど

「社会福祉士」国家試験に合格するためのカリキュラムに偏っている。社会福祉士という職業をめぐる価値や倫理に対する感覚や理解を広げるよりは、国家資格を取得するための勉強がメインになっているため、教員も学生も疲弊しているところがある。

筆者の場合、幸運にも、とても熱心な教員に出会い、学修課程中に様々な体験ができた。「依存症」に対する理解を深めるために実際に競馬場に行ったり、村のコミュニティや地域運動を理解するために、村の活動家たちと議論を重ねるという経験もしてきた。このような「学修」を通じて、知見を深めることができ、同時に社会福祉制度の狭間を目にすることもできた。

またそれだけでなく、「より良い教育」は不可能なのかということを考えるようにもなった。だからこそ、「やりたいこと」をそのままできるようにするために、また社会福祉制度の狭間を埋めるような「制度改善」という目標をもって大学院に進学した。

制度はあってもそれだけでは十分でない

大学院進学をきっかけに、社会福祉政策形成に携わることが、筆者の新たな目標となった。当時は青少年や女性、ホームレスに対する制度が整っていない状況であり、これに対する韓国の社会的関心もそれほど高くなかった。だからこそ、筆者はそれに関連する研究をしようと考えた。

そんなある日、「ラディカル社会福祉実践」という講義のなかで、「世界を変える社会福祉士：せばっさ」（以下、「せばっさ」）という団体の事例紹介があった。これをきっかけとして、筆者は「せばっさ」のイ・ミョンムク代表の特講を聴くことになった。そして、「せばっさ」が共同主催する月例集会「福祉国家ろうそく」にも参加しはじめた。

そこには、様々な社会福祉士たちと市民が集まっていた。ソウル市庁駅周辺で集まる小規模（ときには中規模）の集会だったが、マイクを握って話を交わす人々の声は決して小さなものではなかった。時間が許す限りそこに通い、静かに耳を傾けるだけだったが、あるときマイクを握る機会が与えられた。そのとき、「韓国はなぜ、ドイツの自動車は新型で輸入するのに、ドイツの最新の社会福祉政策は輸入しないのか」という発言をした。その発言を

印象深く聞いてくれたイ・ミョンムク代表は、筆者に「せばっさ」で働いてみてはどうかという提案をしてくれた。

こうして、大学院修士課程1年の後期を迎えると同時に、「せばっさ」の活動家になった。筆者の役職は幹事だった。主に連帯している各団体とのイベント（ソーシャルアクション）を企画するのが仕事だったため、筆者に適任だと思った。初めて引き受けた業務は、「与えて奪う基礎年金」の不当さと不正義を訴えていくことを目的とした憲法裁判を準備するための請求資料を基礎生活保障受給当事者（高齢者）とともに整理することであった。

筆者は、全国から集まった99人の当事者たちの通帳内訳と基礎生活保障受給者証明書を取りまとめた。基礎年金は高齢者貧困問題の解決のために導入された制度だったが、貧困高齢者には「絵に描いたもち」であった。その時に筆者は気付いたのである。制度があっても、それだけでは十分でないと。

第三の目標「良い活動家になること」

「せばっさ」での初めての役割を果たしながら、筆者は戸惑いと同時に深い感動を覚えることがあった。

そのなかの1つのエピソードを紹介したい。

先述した「与えて奪う基礎年金」の不当さと不正義を訴えていくことを目的とした憲法裁判において、基礎生活保障受給者に当該裁判への参加を促すことは容易ではなかった。というのも、憲法裁判に参加することで、受給者が自分自身の受給権を剥奪されるかもしれないと考えたからである。そのため、彼女ら・彼らを説得するには、強い信頼関係が必要だった。この組織化のための活動は、全国の社会福祉士たちが担うことになった。参加した社会福祉士たちは、「せばっさ」の理念に賛同する者だけで構成されていたわけではない。理念ではなく、引き受けている当事者の生活が少しでも良くなることを願うという動機から参加している社会福祉士も少なくなかった。

ただ、残念ながら、この憲法裁判は望む結果を受けられなかった。憲法裁判所は「与えて奪う基礎年金」が基本権と平等権に違反しないとの結論を出したのである。この結果をうけて、当事者たちと「貧困老人基礎年金保障連帯」は、さらに組織化を強化しており、問題解決に向けて活動を継続してい

る。ただしコロナ以後、高齢の当事者たちの活動は困難に直面していることもまた事実である。

　憲法裁判は期待した結果を得ることはできなかったが、筆者にとってこの経験が残したものは別にあると考えている。それは、世代間連帯の可能性である。一見すると、この社会運動は「失敗」を重ねているようにみえるかもしれない。しかし一方で、少なくとも当事者との連帯が可能であるという事実は、「勝利」の経験を与えてくれた。この社会運動を通して学んだ様々な運動のかたち、「新聞広告」「言論寄稿」「規模のある集会」「憲法裁判」「国会対応」などを実際に企画して実行しながら学んだことも多いが、当事者とともに街に出て同じ声を上げて行動した経験は活動家としての誇りを育てることになったのである。

　こうした経験をとおして、筆者は社会変革にたずさわる「組織家」になることをさらに熱望するようになった。その後、「せばっさ」の幹事として働いているあいだに、「せばっさ」は居住権争取のための居住運動団体「家の心配のない世界連帯」（以下、「家連帯」）を直接組織することに力を入れたり、全国民の病院費問題を解決するための「病院費百万ウォン連帯」（以下、「病院費連帯」）を組織した。

　「病院費連帯」は、2015年に組織化された「子ども病院費国家保障推進連帯」の活動をさらに拡大した事例である。「家連帯」の場合は、多様な居住団体が既に韓国社会に存在しているが、「社会福祉」領域で結合した連帯団体を組織したことでアソシエーションであるといえる。

　様々なアジェンダを中心に、当事者と全国の社会福祉士組織、そして市民社会団体を集める役割を果たすことは、もちろん容易ではなかったが、個人的には大きな達成感を感じることが多かった。

　「せばっさ」に所属していた4年間に、組織関連資料を整理することから、集会や記者会見を企画すること、連帯体を組織することまで、大変貴重な多くの経験ができたと感じている。

次のステップ
　筆者は、2020年国会議員選挙に「緑色党」の比例代表候補として出馬し

たが落選した。突然政治の世界に飛び込んだ理由は、制度を改善し、改善された制度を維持し、社会を組織することに政治家の役割が欠かせないという考えが強くあったからである。「貧困老人基礎年金保障連帯」活動のなかで、筆者は毎日国会前で1人デモを実施した。このデモのきっかけは、国会議員300人のなかには、当事者が1人もいなかったこと、そのため、生活に苦しむ当事者たちと家族の涙とうめき声を聞く者が皆無であったことである。筆者はこの理不尽な状況に対して、強い怒りを感じていたのである。

夢は議員になることではない。気候変動、生態系危機は結局、より多くの不平等を生み出し深化させるため、筆者は最も小さな「声」を代弁する役割を果たしたいと考えている。そのような「声」を集めていく過程では、社会福祉士として期待されている役割を果たしているという実感がある。そしてそれは筆者自身のアイデンティティにもなっている。

今後は、筆者にとって重要な2つのアイデンティティである韓国の社会福祉士、そして緑色政治活動家としての生き方を充実させていきたい。

第5章

「専門的」に、ではなく「反社会的」に⁉
──賃労働としての福祉労働と抵抗──

岡部　茜

はじめに

　日々、社会福祉にかかわるさまざまな問題が報道される。生活保護行政の悪質な対応、児童虐待の悲惨な事件、障害者施設での暴力など、人の尊厳が傷つけられ、ときに命が奪われる。そうして社会福祉のなかで問題が起こると、しばしば注目されるものとして専門性というものがある。うまく対処できない事態があると、専門性を高めることや専門性のある職員を配置することなどが盛んに議論されるようになる。そして資格や配置基準と結び付けられながら政策的な解決策として提案される。

　しかしながら、いま私たちが直面している諸問題は、専門性の向上によって乗り越えられるものなのだろうか。研修を積むこと、専門資格をつくること、研修を受けた人や資格を持つ人を現場に増やすこと、そうした人たちの権限を強くすること、そうしたことで解決することなのか。こう考えて、一つの疑問が浮かぶ。

　むしろ、専門性に思考が奪われ、重要なことが見落とされているのではないか。

　この小論はこうした疑問から出発する。社会福祉分野における専門性の重視という点の確認から始めて、いま、福祉ということとかかわっている人々が直面している問題を乗り越える方向性を探る。本論ではそのためにまず、専門性への関心が高い状況にあること、そしてそれに比べ賃労働者であること（「賃労働者性」）については関心が低いことを書く（第1節）。次に、真田是の福祉労働論を参照しながら、福祉にかかわる労働が資本主義国家のなかでどのような

位置づけにあるのか、つまりその「賃労働者性」を確認する（第2節）。そして最後に、賃労働者という立場の問題性に立ち返りながら、それでも資本主義国家のなかで抵抗することの可能性を考える（第3節）。

1　専門性への関心と「賃労働者性」への無関心

　社会福祉という分野ではこれまで長らく専門性が追求されてきた。これはこれまでの章（加美、中野）で整理されている通りである。専門職批判がなされてからも「専門職」としてあることへの追求は継続し、さまざまな議論が展開されている。その一方で、見えにくくなっているもの、語られにくくなっているものはないのだろうか。

（1）専門性への信頼
　社会福祉分野で、ある問題が取り上げられる際に専門性・専門職という議論がしばしば登場する。たとえばここ数年大きな注目を集めたものとして、児童福祉における新たな専門資格の議論があった。この新たな資格の創出は、虐待相談件数の増加や虐待死亡事件などから提案され、「子ども家庭福祉に関し専門的な知識・技術を必要とする支援を行う者の資格の在り方その他資質の向上策に関するワーキンググループ」で検討された（厚生労働省 2021）。この議論では、子ども家庭福祉分野は複雑な課題への対応が求められ、それゆえ専門的知識・技術および態度が不可欠であるが、現行の社会福祉士養成課程の内容ではそれらが十分身につかず、特別な養成課程およびそれを証明する専門資格が必要である、と主張された（厚生労働省 2021：3-4）。
　ここには、専門的知識・技術を習得する養成課程があれば、複雑な課題への対応が可能である、あるいは専門的知識・技術の向上という方策がいま取り組むべき対応策である、という思考がある。この新たな専門資格設置に関する議論に対しては、既存の資格関係の団体からは現状維持を求める主張がなされた。日本ソーシャルワーカー連盟は、「社会福祉士・精神保健福祉士の有資格者が実地訓練を重ねながら、スーパービジョンを含む新たな研修体系の中で養

成されるべきという主張」のもと、新しい国家資格の創設に反対し、認定資格にすることを提起した[1]。

　資格については様々な主張があり、ここでそれらを詳細に紹介することはしない。ここで確認しておきたいことは一点のみである。それは、「専門資格」設置に関する議論には、新しい資格の設置推進派にせよ反対派にせよ、新しい資格の必要性が問われているだけで専門性への信頼（専門性が発揮されれば問題解決につながるはずであるという信念）は共通している、ということだ[2]。

　とはいえ社会福祉の専門性をめぐってはこれまでに批判もなされてきた。最も痛烈であった専門家主義批判の議論は、それがその他の「素人」に分別される人々を無能化することを指摘した。代表的な論者であるイリイチは、専門家主義では専門家が、何が問題であるかを決め、人びとからの信頼を集め、反対に関与している「その他」の人々を無能力化することを指摘している[3]。しかし、こうした議論も社会福祉のなかでいくつかの形で吸収され、専門性は依然として重要なものに位置づいている。三島（2007）によれば社会福祉学領域は専門家主義批判を受け、それを「精神医学の氾濫」への非難として捉えて異なる理論の「発展」を模索するもの、批判をそのまま受け止め「専門職性」の一新を企図するもの、さらに厳密な調査の上で専門性を高めようとするもの、の3つの方向に展開されていった。そしてさらにポストモダンの影響も受けた社会福祉領域は、社会福祉に向けられたそのような批判を内面化する反省的学問理論として吸収した。反省的学問理論を手にする専門家は、社会の周辺部にいる利用者とともに問題解決に取り組む協働者としての位置を取り、権力の独占を反省し、利用者の「自己決定」「強さ（ストレングス）」「物語」などを重視するという（三島 2007：173）。しかしながら同時に、社会福祉の専門家は依然として権力を保持したままであり、「専門家は、反省的学問理論に拠って利用者の生きている場に降りてきたようで、支配的なパワーに裏付けられた実践への水路も確保している」（三島 2007：203）。他にも、サービス利用者の権利に対する関心の増加により、ソーシャルワークは3つの形に移行していると説明する論者もいる（バンクス 2016）。この3つとは、①当事者への多くの権力付与を伴うが、その焦点は未だに権利を与える者としての専門職に置かれている「民主的」な専門性、②反専門主義的な要素を持ち、ソーシャルワーカーは国家と消

費者としての市民の間を取り持つ媒介物と位置付けられる消費者主義、③伝統的に専門性という知見に懐疑的な眼差しを持ち、サービス利用者を闘争の中の同盟者として捉えるラディカリズムである（Banks＝2016：164-165）。三島の議論を踏まえて考えるなら、日本の社会福祉における基本的なスタンスは、「民主的」な専門性の方向性であるといえるだろう。専門性が併せ持つ権力の危険性への自覚的反省から工夫を重ねる努力はなされているが、依然として専門性は重視され続けている。

（2）後景化する「賃労働者性」

　このように専門性は、社会福祉のなかで重視されてきたのであるが、こうした状況を確認したうえで考えたいのが、専門性として期待される力が発揮される土台としての「賃労働者性」にはそれほど焦点が当てられていないという点である。ここでは「賃労働」を「労働」と分けて用いる。ここでいう「労働」とは、友人と笑い合うこと、資本主義に抵抗して寝そべること、おむつを換えてもらうためにわずかに腰を上げること、そうしたさまざまなことであり、「賃労働」とは資本主義においてそうした労働の一部が矮小化されて切り取られたものである[4]。

　再び、新しい専門資格化が議論された児童福祉の分野を例にとれば、職員の不足や激務が、丁寧なかかわりを阻む問題となってきた。2022年には千葉県の市川市児童相談所元職員が過酷な労働環境下で精神疾患を発症し、退職を余儀なくされたとして千葉地裁に提訴している。この件については、「5分刻みでスケジュールをこなさないと仕事がおわらず、子どもたちとしっかり向き合える時間はほとんどなかった」ことや、千葉県の20年度データとして虐待を受けた子どもに対応する「心理職」に就く県職員および児童福祉司ともに10.3％、児童指導員の8.4％が精神疾患によって1か月以上の長期療養を取得していた（県職員平均は2.7％）ことが報じられた（毎日新聞 2022年11月25日朝刊）。

　児童虐待防止に向けた政府計画[5]では、専門性強化と併せて人員増員もまた目標にかかげられているが、こうした人員増は急増する児童虐待相談対応件数の増加率に対しては少なく、また非正規雇用や行政特有の問題もある。新しい専門資格を検討するワーキンググループでの議論でも、人数が非常に少ないな

かで法的権限行使に業務が傾注してしまう状況[6]や、地方自治体の数年ごとの異動の問題[7]、相談員が非正規雇用で雇用されている状況[8]など、雇用形態上の問題が指摘された。しかし、こうした職員の労働条件は大きな改善は見られないまま、専門性向上のための研修や新しい資格が議論されている。

そして、これは児童福祉分野に限らない。高齢者や障害者、生活困窮者など、あらゆる分野で、わずかな人手での対応 (その際たるものの1つが「ワンオペ夜勤」である) で生じてしまった事故やヒヤリ・ハット、生活の抑制に対する解決策が、予防体制構築や専門性、専門職の倫理綱領、専門職の配置の議論で埋め尽くされてしまう。専門性があれば、激務でも正確に問題を見極め、必要な対応ができる、といわんばかりに。

こうした議論の大きな問題は、専門性の議論が社会福祉の仕事をしている人々の労働問題を覆い隠し、あるいは後景化させてしまってさえいるということである。まるで専門性があれば社会福祉の仕事をしている人々が置かれる立場がどのようなものであっても、目指される実践が完遂されると考えられているようである。しかしながら、たとえいかによい専門性なるものがあったとしても、賃労働として雇用される以上、雇われている組織の制限を受け、非正規労働の不安定で短期的な雇用期間は大きく現場の実践を制約する。千葉地裁での裁判でも訴えられているように、過剰な業務量の前には子どもに十分に向き合う時間すらない。「賃労働者性」を抜きにしては、社会福祉の実践のありようを検討することなどできないはずである。だからこそ、本論で考えてみたいのは、私たちが関心を寄せる専門性の背後で無関心にさらされがちな「賃労働者性」という立場である。

2　どうしようもなく賃労働者であること

もっとも、社会福祉において、「賃労働者性」がまったく考えられてこなかったのかといえば、そうではない。福祉労働論という議論の蓄積において資本主義における「福祉労働 (者)」という言葉が用いられて、福祉労働者の立場性が議論されてきた。ここでいわれる「福祉労働者」とは、資格保有者や、「○

○相談員」や「○○コーディネーター」といった人々だけではなく、ヘルパーや介助者やさまざまに社会福祉にかかわって賃労働をしている人のことをいう。そして、この節では福祉労働の「賃労働者性」について考えるにあたり、福祉労働論の議論の一つとして真田是の議論からヒントを得たい。

（1）資本主義国家を支える福祉労働

真田の福祉労働に関する議論は、1960・70年代の時代状況が反映されている。1970年代当時の高まる社会福祉への期待と、その一方で投げかけられる批判、技術論と政策論の議論の対立状況に対して、真田は「福祉労働」という切り口から、社会構造と切り離して論じられがちな技術論の陥穽を乗り越えつつ、階級や資本主義社会との連関のなかで現場の可能性や日々の実践を捉えようとした[9]。

真田の議論をここで取り上げるのは、資本主義国家における賃労働としての福祉労働の位置づけを明確に言語化しているからである。真田は福祉労働が2つの意味で「資本主義的なもの」であることを説明した。それはどういうことか。大まかにまとめるならば、第1に、資本主義社会のなかで「商品」として売買される賃労働として、福祉労働もまた他の賃労働と同様に存在していること、第2に、福祉労働は資本主義社会のなかで生じる特有の社会問題の対策として展開される賃労働であり、順当に機能することで社会問題の激化による資本主義社会の崩壊を抑え、資本主義を維持する機能を持つことの2つである（真田 1975［2012］：80）。つまり、福祉労働はあくまで資本主義国家のひとつの賃労働であり、また福祉労働は資本主義に資するための賃労働として設定され、機能することが期待されている、ということだ。したがって、資本主義国家のもとに福祉労働をおこなうことには限界がある。たとえば、社会福祉が重視してきた生存権の現実化も完成されないと真田はいう。

> 生存権の現実化も、資本主義のもとでは完成することはできない。支配・搾取・収奪といった社会関係、人と人との関係が基本になっている社会だからである。民主主義の権利が深まり現実化するのは、つぎの新しい社会においてである。（真田 1975［2012］：87）

ここで書かれる「つぎの新しい社会」とは、真田がこの議論をしていた1970年代にひとつの期待された方向性だった社会主義国家であったと思われ、その点はいま考えると再考の必要がありそうである。しかしそれでも、このような真田の資本主義国家における福祉労働の位置づけについての分析は鋭く、資本主義国家における福祉労働の限界性を真摯に直視している。

　そしてこの指摘は、賃労働者の脆弱性に目を向けさせるものでもある。福祉労働には政策主体により規定された法制度のもとで労働する者も多く、福祉労働者は雇われて賃金を支払われる賃労働者であることが多い。給与により生活し、就業上の規則に縛られており、それを破れば解雇される場合もある。こうした賃労働者としての福祉労働者は、他の賃労働者の例に漏れず自身の労働力を売り搾取されるという弱い立場におかれる。福祉労働者の賃労働者であるがゆえの脆弱性は「やりがい」や「必要性」、そしてこれまで検討してきた専門性などによって後景化しやすいが、非常に大きく福祉労働を規定している要素なのだ。生活が賃労働で賄われる以上、行為や思考が雇われている組織の仕組みや方針に少なからず左右される。少ない人手・賃金で長時間労働することになれば、どんどん人は疲弊していく。人間である以上休む時間は十分に必要であり、大量の業務や長時間の拘束時間があれば簡単なミスもおこしてしまう。ミスが続けば職場の空気は張りつめて、なおさら疲弊する。これはどんな賃労働者であってもそうだ。そこでは、賃労働者としての限界性が福祉労働にも現れるのであり、それは決して無視されてはいけない。

（2）賃労働者としての連帯

　賃労働としての福祉労働は資本主義のもとに生まれ、それゆえに限界があることを確認した。賃労働者としての制限のなかで、福祉労働は資本主義国家の統治の道具にもなる。1節（2）で本稿における「賃労働」と「労働」の区別について書いたが、それは現状の問題を、資本主義のもとでの問題として捉えるためであった。賃労働を問うことは、資本主義を問うことである。資本主義のもとでの福祉労働の搾取とは、単に低賃金であることや権限が弱いこと、長時間の労働を強いられることだけではなく、資本主義の下で生み出される貧困や

差別に、劣悪な条件で対応しろといわれることなのだ。劣悪な条件の賃労働に苦しんでいたとしても、自分たちだけがよい条件になればそれでいいというわけにはいかない問題がそこにはある。

では、福祉労働は統治の道具として、現状肯定的に都合よく使われるほかないのだろうか。これに対して、真田は、政策意図は完全に実施されるのではなく、福祉労働者側からの抵抗が生じるのだと述べる。それはなにより「階級社会での労働」としての可能性である。

> 資本主義のもとでの労働がもつ一般的性格とその発展の論理を共有しているのであり、資本—賃労働の関係を把握しみずからを組織化し運動をするという方向を本来的にもっている。さらに、福祉労働は、いま広範な勤労者に押し付けられている過酷な生活実態に日常的にふれるという特殊性をもっている。ここから資本主義の本性をつかみとる道が客観的に用意されている労働でもある。政策主体が押しつける福祉労働は、こうして破綻せざるをえない必然性をもっている。(真田 1973 [=2012]: 18)

福祉労働は、資本主義国家のもとでいかに人々の生活が脅かされているのか、いかに困窮しているのかということを日常的に知ることになる。それは、資本主義国家の問題を目のあたりにし、認識することができる賃労働だということであり、だからこそ人々と連帯し、社会運動へと駆り立てられるのだという。つまり、賃労働者としての脆弱性と資本主義の維持という働きを併せもちながら、搾取される人々の生活実態にふれていく福祉労働者は、搾取される者同士での連帯の可能性をも含み持っているということである。福祉労働はそれが目標として掲げるような、生存や生活を支える取り組みを純粋にできているわけではなく、資本主義国家の統治の道具として生活者に対置させられるとしても、それでも連帯の可能性があるという真田の主張は、資本主義のなかで疲弊する福祉労働者を鼓舞するものでもあった。

(3) しかし、専門性は連帯を阻害する？

しかし、資本主義のもとで、賃労働の本来的な性質を信じ、連帯の希望を託

すことはやや楽観的すぎるように思われる。労働者が自動的に資本主義国家の問題を乗り越える運動の主体として立ちあがっていくと考えることは難しい。少なくとも社会運動の主体となるためのなんらかの仕組みや要因はあるはずであり、反対に運動の主体となることをさまたげる要因もあるはずだ。そうしたものを含めて現代での福祉労働の連帯や運動を考えなければならないだろう。

　また、連帯にむけては社会福祉が手放さずに重視してきた専門性が障壁にもなる。専門性という言葉はさまざまな意味を込められて用いられるが、ここではさらに議論を進めるために、そうしたさまざまな意味で用いられる専門性と区別して、括弧に括って〈専門性〉と書くことにする。この〈専門性〉はイリイチの議論で検討されてきたような、ある一定の知識の上である一定の業務を独占するもの、あるいはその可能性を呼び込むものとして用いる。もちろん、これは、専門性として議論されることの全てを包含する概念ではない。しかし、専門性という言葉のもつ一つの確かな作用であり、これを無視して専門性について考えることは危険でもある。

　この〈専門性〉は、技術を独占させ秘術化することで、非専門家を排除し、〈専門性〉を持っていないとされる多くの人々を無力化させ、地域で生活する人々による活動と「専門性のある仕事」を区分したうえで後者を権威づける。ソーシャルワークや福祉労働の歴史では、一部の活動が「公式の」ソーシャルワーク（福祉労働）として切り取られ、福祉労働者とその他の人々、つまり生活上の問題に対処し相互に支え合う営みに参加する人々とが隔てられてきた（Lavalette・Ioakimidis =2023）。それは、福祉労働者と福祉労働者が従事する事業を利用する人々との間に距離をつくり、いまとりくまれている事業が社会の不公平さの現われへの集団的な対処ではなく、それを利用する個人の問題への個別的な対処であると解釈させるように水路付ける。そして問題の有無あるいは正常／異常を判別し、対処の方法を決める権力を一部の人間にだけ与えることになり [10]、人々の活動から「福祉」を切り取るように作用してしまう。たとえば近年注目されてきたワンストップの相談支援などでは、制度を誰でも使えるように工夫することもできるはずであるが、そうしたことはそれほど検討されず、どんなことでも相談できる専門職を配置することばかりが検討される。ここには〈専門性〉に期待してそれを中心に制度を作ることが、〈専門家〉に

第5章　「専門的」に、ではなく「反社会的」に!?　　115

よる制度や実践の独占を進め、それらを一般の人々に使いにくいままにとどめることにつながってしまう構図がみて取れる。

　ちなみに、真田は専門性が政府に利用される危険性を書きながらも、「福祉労働の専門性を確立することは、福祉労働者の正当な要求であるとともに国民の要求でもある」として、専門性の追求を支持し、「専門性の確立には、具体的には資格制度の確立が中心になる」と述べた（真田 1973［=2012］: 19）。真田はまず、資格制度を通して政府が労働者を支配する危険性を指摘し、その手口を以下のようにまとめる。

　　第一に、資格制度によって特権意識をもたせ労働者を権力・資本の側に引きつける方法である。第二は、労働者の間に競争と対立とをもちこむことである。第三に、認定基準を操作して反労働者的思想を注入することである。第四に、資格のなかをいくつにも段階づけ、ごく一部の高資格者と多数の低資格者とに分け、多数者に低賃金労働を押しつける根拠づけにすることである。第五に、この段階づけで職階制支配をつくりだし労働者を分断・対立させることである。第六に、ゆがんだ専門意識をあおって、勤労者・他の労働者に対する特権意識をつくりだし、全勤労者・労働者との連帯と団結を困難にしていく方法である。つまり、資格制度をとおして、政策主体は新しい方法で、福祉労働の刻印づけを貫徹させようとしているということができる。（真田 1973［=2012］:19）

　真田の指摘は現状の問題とも符合する。まさに現在、厚生労働省は介護従事者を「まんじゅう型」から「富士山型」へというモデルで、より〈専門性〉の高い介護従事者の下に〈専門性〉の低い者を配置する方向性を打ち出し、福祉労働者間の序列化を進めようとしているからだ（厚生労働省 2015）。

　真田は、こうした手口を踏まえて、福祉労働の専門性確立の要求は以下の点をおさえて進める必要があるという。それは第1に、専門性の確立が安上がり福祉政策を打ち破る要求としてなされること、第2に、福祉労働者と広範な勤労者のための専門性の確立であり、他の労働者から福祉労働を区別し特殊化するところに重点をおかないこと、第3に、狭い技術に留まるのではなく、社会

福祉を科学的につかむ力、そのための社会科学の素養が専門性の中身として検討される必要があること、の3点であった。

しかし、上記の論には問題がある。たとえば、第1の点で真田が述べているのと同じように、専門性を重視する議論は、「専門的であるからそれに見合った賃金が保障されるべきだ」という主張と併せてなされることもある。しかしそれは、他の労働者との間にも分断をもたらす論理となる。〈専門性〉を待遇や権限の根拠に置く議論は、スーパーのレジ係や宅配業など、（そのみちの熟練されたわざはあるとしても）〈専門性〉を主張しづらい仕事の位置を劣位に置く議論と同じ地平にあるからだ。つまり、第1の点は第2の点と対立するのである。したがって、専門性を追求したまま、すべての人々と連帯することは難しい。そもそも、資本主義の社会より前から、人々は知を秘術化し、それによって権力を持とうとしてきた歴史があり、それに対して人々は、そうした知を独占する者が権力を十全に行使できないような仕組みを作ってきた[11]。ある固有の領域をつくり専門性として知を保有すること、事業をある一定の人々の中で共有し、それを他者から承認されるようにすること、それには常に危険が伴っている。

そうであるならば、〈専門性〉を問い直すことなしに、連帯を考えることは難しい。〈専門性〉は、人々を分断することに寄与するからだ。人々を分断、序列化する立場を手放すことなく連帯を呼びかけたとき、そこにどれほどの実現可能性が残されているのだろうか。

3 「社会」福祉労働者よ、「反社会的」に！

ここまで専門性からはじまって、福祉労働者の「賃労働者性」を考えてきた。ここからは、では今後の福祉労働をいかに構想することができるのかについて書いていく。その際に、本論では「反社会的」に取り組むことについて考えてみたい。

なぜここで「反社会的」に、と提案してみるのか。それは、福祉労働が成立した土台であり、福祉労働もまたその一部となっている「社会」、つまり資本

主義国家としての社会が、人々の生活を制限し、脅かすものになっているから
だ。そして、「社会」福祉にかかわる労働である福祉労働はそのなかに埋め込
まれている。もし、すべての人々の生活を支えるものとして福祉労働を成立さ
せようとするならば、これまで福祉労働が組み込まれてきた「社会」そのもの
をも批判的に捉え返し、いまとは異なるかたちで人々の相互扶助が成立し、乱
立するような仕組みを探ることが必要ではないか。福祉労働が目指す生存保障
を実現するためには、現在の社会の支配的な流れをそのまま受け入れることは
できない。「社会」を冠する労働だからこそ、いまある「社会」の枠組みの問
題まで見つめ直すことが求められる。「社会」福祉労働が「反社会」的に営ま
れるところにおける、人々の生活を脅かす構造に内側からヒビを入れる可能性
を考えたい。

（1）〈専門性〉への欲望を問う

　生活の困りごとや、生活を営んでいくことについて、現状をよりよくするた
めの力量がほしいということや、それについて学び合うことを専門性という言
葉で表現することはあるし、そのようにして考えたいという思いはわからない
ではない。しかし、昨今の議論をみると、そうしたことは専門性という言葉以
外でもいわれていることであり、やはり専門性というとき、そこに他とは何か
線を引くものがあるように思われる。では、どうして私たちは専門性を欲望す
るのだろうか。

　専門性の重視や、専門職化への意識は、現代社会において、人々をないがし
ろにする制度政策への批判として高まっている。新自由主義政策といわれる現
在の政策潮流は、社会福祉を削減し、自己責任や自助へと人々を追い立ててき
た。ラディカル・ソーシャルワークは、そうした新自由主義におけるソーシャ
ルワークの内実の喪失を批判し、専門職としてどのように現代の貧困や差別に
向き合っていくのかを追求しようとする。たとえば、イギリスのラディカル・
ソーシャルワークを復権させようとする議論では以下のようにいわれる。

　　歴史的に、ソーシャルワークが他の保健や社会的ケアの専門職よりも、し
　　ばしば厄介で煩わしい専門職であったことは事実でもある。だが、しばし

ば当事者の側に寄り添い、他の専門家がしたことのない方法で国家に抵抗
し、支配的なイデオロギーに挑んできた専門職でもある。(Ferguson=2012:
33-34)

　1960年代、70年代の資本主義そのものの問題に切り込むラディカルな活動
のなかで、専門性は強く批判されてきたが、上記に引用した文章に見られるよ
うに、今日のラディカル・ソーシャルワークの議論では、専門性への批判は弱
まっている。他の論者も以下のように述べる。

　　専門家主義という見境のないレッテル貼りが存在したところでは、私たち
　　は、今はこれを「経営管理主義(managerialism)」や「新自由主義」と区
　　別することができる。(Weinstein=2023:49)

　現代のラディカル・ソーシャルワークでは、専門性を批判するというよりも、
専門職としてソーシャルワークはどうあるべきかが問われるのである。そして
その時、専門性や専門職とは、資本主義、とりわけ人々の生活を保障する社会
保障・社会福祉を削減してきた新自由主義政策への抵抗軸として設定される。
近年の社会福祉を杜撰なものにしてきた政策が、あまりに乱暴に社会福祉にお
ける公的責任を免責し、かかわる人たちの給与や人員配置を劣悪なまま維持し
た結果として、必要なケアや制度利用の手続きをおこなうことができない状況
があり、新自由主義政策下でソーシャルワークが脱専門職化、脱熟練化させら
れてきたと指摘される。だからこそ、その領域に携わる人々の自律性を強化し、
社会福祉にむやみに介入し、予算を削減したり、旧来の家制度をおしつけたり
するような権力者に対抗する土台として専門性は期待されるのだ。
　しかしながら、それでもこれまでみてきたように、専門性が〈専門性〉とし
て分断を生む装置として機能するのであれば、現代のラディカル・ソーシャル
ワークでの期待は最終的には空回りするだろう。もっとも、国家責任を後退
させ、市場化が進められる新自由主義政策への抵抗は重要である。フェミニ
ズムでは、経済主義批判や国家管理主義批判などのいくつかの批判が再意味化
され、新自由主義的政策を後押しする言説となってしまったことが反省的に検

第5章　「専門的」に、ではなく「反社会的」に⁉　119

討されている（Fraser =2011）。国家や専門性自体を問い返してしまうことが、フェミニズムのように新自由主義に利用されかねないということもまた、反専門性（職）の議論が忌避される一つの要因としてあるだろう。しかし、〈専門性〉の危険性をいう議論は権力性や資本主義への批判であって、人々の生へ介入し、資本の都合のよいように支配する政策とは対立するはずだ。いま必要なことは、どのように新自由主義的政策とも、また秘術化とも異なる方向性を展望することが可能なのかを考えることである。そして、そうした展望の土台は身近なところにすでに存在している。

　たとえば協同的な活動のなかにその糸口を見つけることができる。草の根の共同作業所の出発も、各地、世界で広がっている協同組合の福祉活動も、専門性の追求というよりは地域の人々の連帯のなかで必要な活動をつくりだし、頼りあって生活を営むことを追求してきた。私たちの身近には、「私には専門性などはないのですが」と言いながら、目を見張るような地道で直接的に生活を改善する取り組みをおこなっている人々が多く存在している。実際には、専門性とは異なるところでさまざまに魅力的な活動が営まれているのだ。そうした活動をある種のまだ言語化されていない専門性として認識するよう試みられることもあるが（そうした例の一つが「伴走型支援士」である）、そうではない形で考えてもよいはずだ。なんでもかんでも魅力的なものを専門性ということにする前に、少し立ち止まってみたっていいのではないか。それがまず1つ目の提案である。

　また、そもそも研究者が専門性を補強、推進、利用してきたことは忘れてはならない。〈専門性〉を追求する知を生成し、それを国家資格養成課程の教育プログラムに埋め込んで権力を得てきたのは教育・研究現場でもあった。研究者自身の営みがまず反省的に検討されなければならない。今、これを書いている私も含めて。

（2）賃労働者の問題に立ち返る

　2つ目の提案は賃労働に立ち返ることである。1970年代のイギリスのラディカルなソーシャルワーク活動のなかでは、ソーシャルワーカー協会のような専門職組織の必要性に疑問が投げかけられた。

そのような組織はエリート主義を強めるとともに、クライエントや他の労
　　働者たちとの協力により社会変革や社会正義を達成することに焦点を絞る
　　代わりに、専門的興味の増進という狭い関心に焦点を置き換えてしまうと
　　論じた。そうではなく、ソーシャルワーカーらは自らをまず第一に労働者
　　とみなすべきとされ、その組織の主たる形態は労働組合であるとされた。
　（Ferguson ＝ 2012：178）

　今後の日本の社会福祉を考えるにあたり、必要なことは上記のような投げか
けである。まず、もう一度、制限にまみれた賃労働者という立場に立ち返り、
その限界のなかで試行錯誤することが必要なのではないか。賃労働者としての
福祉労働には限界がある。資本主義国家の維持のために福祉労働は都合よく利
用されてしまうし、資本主義国家の政策で作られた制度から外れて活動するこ
とはなかなかできない。加えて、日々の現場において、どれだけ当事者と同じ
立場で活動しようとしても「仕事をしている人」として立場が切り分けられて
しまう。賃労働者としての権利を守ろうとして「労働強化」を避けることが、
人々の生活の制限につながることもある[12]。そうした矛盾のなかに、福祉労働
の日々はある。
　そして、こうした問題が専門性の議論のなかでしばしば覆い隠されてきた。
例えば賃労働者として人々に対峙することが生じさせる制限が「専門的な知識」
や「専門職の倫理」などの言葉によって曖昧にされてしまうことがある。子ど
もや高齢者や障害者とされる人々への虐待による死亡事件が防げなかったのは
「適切なアセスメント」ができなかったからだとか、生活保護の申請妨害（い
わゆる「水際作戦」）が起こるのは「専門職」がいなかったからだとか、そうい
うことにされてしまうことがある。そこでは、働く人が足りないといったこと
や、安すぎる賃金、長時間にわたる賃労働、そもそも制度に問題があるといっ
たことが、言われなくなってしまったり、言われていても後景化したりする。
いま、賃労働者というところに立ち返って専門性どうこうにごまかされずに、
福祉労働が追いやられている状況を考える必要がある。
　そうして、賃労働者という立場に立つことによって直面する問題から出発す

るからこそ、そこから外れていく道筋を探ることができる。ストライキなどの労働運動が、福祉を利用する人々の生活に直接的に影響してしまうために、福祉労働は抵抗の実践を他の職種のように実施することが難しいように見える。それでもたとえば、人を増員しながら労働時間を短縮し、人々の管理・抑圧を強める賃労働に抵抗していくことなどは考えることができるはずである。その手がかりを次章で桜井が論じているが、たとえばスコットが論じたように日常的抵抗の実践のなかにもあるだろう。サボること、従わないこと、逃げること、それは福祉労働のなかでも可能なはずだ。また、裁判として労働問題を可視化し、改善のための闘いをすることもできる。児童相談所の元職員による裁判や、ホームヘルパー国家賠償訴訟などは福祉労働の労働問題や公的責任が果たされていないことの問題を可視化した。いくつかの形で賃労働者としての運動の可能性を探っていくことが、私たちに現状を打開する展望を示すことになる。そして、次章で桜井が示唆しているように、福祉労働が賃労働の拒否までも含まれて検討されていくならば、より運動の可能性は拡がるはずだ。社会福祉にまつわる現状生じている問題のすべてが、人員増などで解決されるわけでもない。社会的入院を強いる精神科病院に人員が多くいても問題は解決しない。その制度自体が破棄される必要があるからだ。しかしそういうことを考えるためにも、賃労働者という資本主義に埋め込まれ搾取される一人の人間に立ち返ることは重要である。なんでも解決できるスーパーマンはいないし、専門性をもってしても、できないことはできない。

（3）どうにかしてくれ、そして、ほっといてくれ！

　いま、社会の経済成長を土台として作り上げられた福祉国家体制が縮小し、福祉国家の再建を主張する議論もある。その議論は、資本主義経済を受け入れつつ、「うまい付き合い方」としての福祉制度を構想する。しかしそれは、実のところ奴隷制度を変化させないまま、少し多い支払いを受けたり、奴隷のまま生きていけるような仕組みがつくられたりすることにいきつくのではないか。資本主義について鋭い分析を残したマルクスは、賃労働制度は奴隷制度であると言った。

賃労働制度とはひとつの奴隷制度であり、しかも労働者の受ける支払いが
　　いいかわるいかとにはかかわりなく、労働の社会的生産諸力の発展につれ
　　てますます苛酷なものになってゆく奴隷制度である（Marx =2014：47-48）

　奴隷制度として賃労働制度が存在しているとするならば、奴隷制度のなかで
福祉労働はどこまで機能するのだろうか。その限界性が賃労働＝奴隷制度とし
ての福祉労働にも現れている。
　加えて、国家自体もそれほど信用のおけるものではない。社会福祉の議論の
多くは公的責任を問うものとして存在している。とりわけ、国家による制度と
しての社会保障・社会福祉が削減され、アウトソーシングされることも増え、
「自助」「互助」「共助」「公助」という恣意的な区分けが自然化されたうえで利
用され、「自助」「共助」や「自己責任」が強調された。そのなかでは、改めて
人権保障の点から国家が果たすべき生存保障の役割を問うことは重要な論点と
され、新福祉国家や社会的投資国家など新たな福祉国家の構想が議論されてい
る。これらは国家の力によって資本主義の暴走に制限をかけようとするもので
あり、そうした点で専門性を軸に抵抗しようとする議論と共通した思考がある
ともいえる。
　しかしながら、資本主義を制御することを期待されるのも国家（福祉国家）
であるが、現在、資本主義を加速、維持させているのもまた国家である。そも
そも、国家というのは「暴力をつうじた権力の実践と権力をつうじた暴力の実
践との複合体として存在する」ともいわれる（萱野 2005：74）[13]。租税の徴収
や治安維持などの機能も果たすが、それはあくまでみずからの保全と利益にか
かわるかぎりであり、歴史的にも常にそこから一定の層が保護対象外におかれ
てきた。国家というものは必ずしも私たちの安全を保障するものではないし、
今の社会において必要であるとか、不動のものというわけでもない[14]。少な
くとも国家に対して無批判なまま期待を託すことは危うい。例えば、国家は一
定の人々に独占や合法化の権限を与える。貧しい人にご飯を提供しなくても犯
罪にされないが、貧しい人がお店から食材をとって食べると犯罪にされる。最
近でも渋谷区の公園が突如封鎖され、国家の暴力性がありありと現前した。国
家を日々私たちが信じ、日々の生活のなかで国家の実践を維持しているとすれ

第 5 章　「専門的」に、ではなく「反社会的」に!?　　123

ば、国家への要求をおこないつつも、同時に国家を疑い、国家がなくても生きられる実践を反対につくっていくということも必要なのではないか。どうにかしてくれ、と要求しながら、もう一方で、ほっといてくれと自分たちでやっていくことが、いま必要になっている[15]。

　そして、福祉労働の営みにはそれができる。公園での共同炊飯や家がない人への住居の提供、集団で子どもを育てる共同保育所の実践など、福祉とかかわる活動は人々の生活の必要からも生まれてきた。福祉労働で営まれる人々の集まりのなかでの支え合いは、人びとの生活において必要不可欠である相互扶助の充実に向けた活動である。現在、それの一部は、資本主義国家のなかに組み込まれ、活動する人の少なくない部分が賃労働者という立場になり、活動は人びとの生活から切り離され、対置させられ、資本主義的な生の統治および管理を進める手段として利用される構造のなかに位置づけられている。それを資本主義国家の統治手段から別のものに変質させていくためには、現在の社会に適合的な福祉労働の様式から離れ、人びとの生活のなかに相互扶助を取り戻すものとならなければならない。もしそれができるならば、相互扶助の拡がり、充実に向けた活動としての福祉労働は、相互扶助により生活するコミュニティの可能性を示す実践となるだろう。どうにかしてくれ、と訴えることと同時にほっといてくれという土台をどうつくっていけるのか、それが重要なテーマになる。

（4）「社会」の収奪から逃げる……「資源化」に抗して

　ここまで賃労働としての問題を考えてきた。最後に、賃労働の議論から零れ落ちやすい問題について書いてこの小論を終わりたい。資本主義を捉える観点を交換、搾取、収奪の三つに整理したフレイザー（＝2023）に倣って、これまで賃労働者性の議論で焦点を当ててきたことを搾取とするならば、これから焦点を当てるのは、従属的な立場にあるものへの収奪についてである。フレイザーがいうように、搾取と収奪は絡み合いながら資本主義の没収プロセスとして働き、福祉労働もまた常にこの搾取と収奪に関連してきた。なぜなら、すでによく知られるように、福祉労働は女性の労働として位置付けられ、それゆえに低賃金なものに抑えられてきた歴史があるからだ。社会で従属的な立場を強

いられる女性を中心に想定された二級賃労働としての福祉労働では、常に搾取と収奪が重ねられてきた。また、これは単純な女性差別の問題として理解されるものではない。福祉労働の担い手不足の解決に、非白人の外国人労働者が提案されるように人種差別とも関連する（専門性はこうした二級賃労働に置かれた福祉労働を、一級賃労働に引き上げるための戦略の一つとして提起されてきた側面がある）。こうした収奪の問題も含めて、抵抗の糸口を探さなければならない。

この問題はフェミニズムや反レイシズムの議論に学びながらさまざまに検討しなければならないが、ここでなんとか一つだけ書いておきたいことは「資源化」されないことである。なぜなら現在、私たちが生活のなかで行うさまざまな活動が「社会資源」「地域資源」として利用され、「地域共生社会」の体系へと回収されていく危機にあるからだ。たとえば『重層的支援体制整備事業に関わることになった人に向けたガイドブック』には、以下のような文章がある。

> 重層的支援体制整備事業は、新しい支援制度というよりは、既存の支援機関や専門職の負担を軽減しながら、地域の支援力の限界点を引き上げ、効果的に住民を支援していくための事業といえます。そして、そうした支援の限界点を引き上げ、「人と人がつながる」地域づくりを進めていくことで、その先に地域共生社会の実現があるのです。（三菱 UFJ リサーチ＆コンサルティング 2021：3）

つまり、地域のさまざまな営みを利用して、現在の人々の生活困窮に対応する「政策」としようとしているのである。例えば、人々が食料を集めて炊き出しをしたり、住所がない人の住む場を提供したりする。そうしてなんとか作り上げる相互扶助を行政やあるいは行政に認証された機関が、自分たちは何もしないにもかかわらず、「地域資源」を「発見（発掘）」したとして、国家による現状の制度不備を免責しながら国家の体系に回収していく。資本主義は空気や水や女性を、そして社会のなかの人々の相互扶助を、無制限に利用できる無限資源のように見なして酷使することで資本を肥大化させてきたが、いま「地域共生社会」という言葉のもと、地域で自治的に生活の困難を解決しようとする営みに向けられているまなざしはまさしくそうしたものである。それゆえ私た

ちは注意深く資源化されることから逃れなければならない。

　以上、4つの提案をしてみたが、こうした意味で私の提案は「専門的に」ではなく、「反社会的に」という呼びかけになる。それは福祉労働を完全否定するものではない。むしろその根本に立ち返り、人々の生きあう営みに立脚するという、実は素朴なものだ。そして、それはさまざまな抵抗として画策されている。ある活動は行政からのリファーは基本的に拒否している。ある活動は、助成金が必要になって経営に事業のエネルギーが割かれてしまわないために組織を大きくしないように注意を払っている。ある活動は、行政の奨励する事業にいっさいのらないことで、その事業を暗に拒否している。ある人々は、労働問題として自分たちの置かれた問題を訴えている。ある団体は資格手当をつけないことで序列化に抵抗している。たくさんのいろいろな試行錯誤がある。そして、どれかに真の正しさがあるといって他を切り捨てることも危険であると思う。必要なのは、さまざまな試行錯誤のなかに、ありうる抵抗を確認し、その妥当性を検討し、拡げていくことだろう。従来イメージされてきたような「政治」や「社会運動」に位置づけにくいような日々でも、いまそこに、ここに、すでに抵抗の営みは存在しているし、あなたのすぐ近くにだってそうした営みがあるはずだ。

1)　栗原（2021）を参照。また、そもそも社会福祉分野の資格に関しては他にも社会福祉士へ一本化、という議論もある（柏木 2019）。
2)　ちなみに「地域共生社会」の議論でも専門性への信頼は維持されている。この議論では、地域住民の参加の重要性も強調しており、一見、専門性の権威の低下にも見える。しかし、「地域共生社会に向けた包括的支援と多様な参加・協働の推進に関する検討会（地域共生社会推進検討会）」の最終とりまとめ資料では、専門職による伴走型支援と地域住民同士の支え合いの双方の視点を重視する必要性が指摘され、専門職の重要性は揺らいではいないことが確認できる。「地域共生社会」に向けた支援で重要な位置を占める伴走型支援の重要性を指摘してきた奥田は、専門職による支援は永続的に続くわけではないと述べつつ、「伴走型支援もいくつかのステージが想定される。問題が最も深刻である急性期を担うのはやはり専門職である相談型支援のスタッフである」という（奥田 2014：62）。またそのうえで、奥田らは「伴走型支援士」の養成と認定資格をつくり、支援者の専門職化を進め

てきた。

3) たとえばイリイチは「今日の医師や社会福祉相談員（ソーシャル・ワーカー）たちは——ちょうどかつて司祭や法学者だけに認められていたように——必要を生み出す法的権力を手に入れており、そうした必要を充足することも、法律によって、彼らだけに許されている」と述べる（Illich=1984：15）。

4) ドゥルーズは「労働」と「労働力」を分けて考えた。「労働力の概念がまずおこなうのは、ひとつの産業部門をまったく恣意的に切りとり、労働そのものを、愛情や創造性から、そして生産そのものからも切り離してしまうことですからね。つまり労働力の概念は、労働を創造性の対極である保守管理に変えてしまうのです。そうなると労働は、閉ざされた交換回路のなかで消費される資材を再生産し、それと同時にみずからの力を再生産していくことを義務づけられる」（Deleuze=2007：85-86）。本論では、「賃労働」を、資本主義において切り取られ矮小化されたものとしての「労働力」を行使する営みとして考える。

5) 「児童虐待防止対策体制総合強化プラン（新プラン）（2019年度から2022年度まで）や新たな児童虐待防止対策体制総合強化プラン（2023年度から2026年度まで）

6) 「子ども家庭福祉に関し専門的な知識・技術を必要とする支援を行う者の資格の在り方その他資質の向上策に関するワーキンググループ」　第1回議事録30頁

7) 「子ども家庭福祉に関し専門的な知識・技術を必要とする支援を行う者の資格の在り方その他資質の向上策に関するワーキンググループ」　第1回議事録11頁、24頁や第3回議事録10頁

8) 「子ども家庭福祉に関し専門的な知識・技術を必要とする支援を行う者の資格の在り方その他資質の向上策に関するワーキンググループ」　第4回議事録

9) 真田の福祉労働論の流れや背景については、黒川（2012）で整理されている。福祉労働論の議論は、現場の福祉労働の専門性を検討する営みや、福祉労働の矛盾を出現させる制度の不備を明らかにする営みとして蓄積されている（総合社会福祉研究所 2005; 北垣 2013 など）。

10) たとえば児童福祉分野では、何が虐待か、どのような家庭が「養育困難」なのか、誰が「よい親」であり誰がそうではないのか、どのような措置が必要なのかを専門家が決定している。そして、それは時に重大な差別を生み出している。たとえば、リスクアセスメントの問題性などについて上野（2022）の議論が示唆に富む。

11) こうしたことは人類学研究で明らかにされてきた。また、酒井による論考は、「反知性主義」や「専門家」の現代の議論を考えるうえで示唆深い（酒井 2023）。

12) たとえば、障害者運動の歴史のなかでは福祉労働者が「労働強化」を避けるために、障害者の生活を制限する側にまわったことがある（渡邉2011）。

13) あるいは国家は「権力の座にある者とこの権力に従属する者への社会の分割」であるとも指摘される（Clastres 1974=2021：32）

14) 非国家から国家へと、歴史的発展のなかに国家を位置づける議論もあったが、それらは人類学研究の蓄積によって疑わしいものとなった（松村 2021）。

15) どうにかしてくれと要求しながら、同時にほっといてくれということについては、渡

邊（2012）が興味深い議論をしており、本論はここから示唆を得た。どうにかしてくれという要求は、国家や大きな権力が配分されている主体に要求を突き付けながら、権威づけてもしまうことである。ほっといてくれ、勝手にやってやる、そうしたことが併せて要求の後ろに存在しなければ、私たちは私たちの生を脅かす主体を強化し続けてしまうように思う。

【参考文献】

Banks, S.（2012）*Ethics and Values in Social Work*, 4th Ed., London: Palgrave（=2016, 石倉康次・児島亜紀子・伊藤文人訳『ソーシャルワークの倫理と価値』法律文化社.）

Clastres, P.（1974）*Entretien avec L'Anti-mythes*, Sens&Tonka（=2021, 酒井隆史訳・解題『国家をもたぬよう社会はつとめてきた』洛北出版.）

Deleuze, G.（1990）*Pourparlers*, Paris: Les Editions de Minuit（= 2007, 宮林寛訳『記号と事件——1972-1990年の対話』、河出書房新社.）

Ferguson, I.（2008）*Reclaiming Social Work: Challenging Neoliberalism and Promoting Social Justice*, London: Sage（=2012, 石倉康次・市井吉興監訳『ソーシャルワークの復権——新自由主義への抵抗と社会正義の確立』クリエイツかもがわ.）

Fraser, N.（2009）"Feminism, Capitalism and the Cunning of History," *New Left review*, 2（56）：97-117（=2011, 関すみ子訳「フェミニズム，資本主義，歴史の狡猾さ」,『法学志林』109（1）：27-51.）

————（2022）*Cannibal Capitalism*, Verso Books（=2023, 江口泰子訳『資本主義は私たちをなぜ幸せにしないのか』筑摩書房.）

Illich, I.（1977）"Disabling Proffessions," Illich, I and J Mcknight and I K Zola and J Caplan and H Shaiken eds., *Disabling Proffessions*, Boston: Marion Boyars, 11-40（=1984, 尾崎浩訳『専門家時代の幻想』『専門家時代の幻想』新評論, 7-52.）

柏木一恵（2019）「ソーシャルワーカーはなぜひとつになれないのか」井手英策，柏木一恵，加藤忠相，中島康晴著『ソーシャルワーカー：「身近」を変革する人たち』筑摩書房, 95-143.

萱野稔人（2005）『国家とはなにか』以文社.

北垣智基（2013）「介護労働過程における「二面性」の今日的形態について：特別養護老人ホームにおける夜勤労働の実態から」『福祉教育開発センター紀要』(10) 85-99.

厚生労働省（2015）「介護人材確保の総合的・計画的な推進〜「まんじゅう型」から「富士山型」へ〜」（https://www.mhlw.go.jp/file/05-Shingikai-12201000-Shakaiengokyoku shougaihokenfukushibu-Kikakuka/document2-1.pdf, 2024.6.24）

————（2019）「地域共生社会に向けた包括的支援と多様な参加・協働の推進に関する検討会」（地域共生社会推進検討会）最終とりまとめ（https://www.mhlw.go.jp/content/12602000/000581294.pdf, 2024.6.24）

————（2021）「子ども家庭福祉に関し専門的な知識・技術を必要とする支援を行う者の資格の在り方その他資質の向上策に関するワーキンググループ とりまとめ」（https://

www.mhlw.go.jp/content/11907000/000732415.pdf, 2024.6.24）

栗原直樹（2021）「子ども家庭福祉の資格の在り方に関するワーキンググループ参加報告」日本社会福祉士会『日本社会福祉士会NEWS』（199）（https://jacsw.or.jp/introduction/news/documents/199.pdf, 2024.6.24）

黒川奈緒（2012）「解題」総合社会福祉研究所編『真田是著作集第5巻』福祉のひろば, 3-8.

Lavalette, M and V Ioakimidis.（2011）"International social work or social work internationalism? Radical social work in global perspective" Lavalette, M ed. *RADICAL SOCIAL WORK TODAY*, Policy Press,135-151（=2023, 深谷弘和・石倉康次・岡部茜・中野加奈子・阿部敦監訳「国際ソーシャルワークか, ソーシャルワークの国際協力か—ラディカル・ソーシャルワークをグローバル視点で捉える」『現代のラディカル・ソーシャルワーク』クリエイツかもがわ, 175-193.）

Marx, K.（1875）*Randglossen zum Programm der deutschen Arbeiterpartei*（=2014, 望月清司『マルクス ゴータ綱領批判』岩波書店.）

松村圭一郎（2021）「国家と不平等：野蛮と文明の人類学」『思想』（1165）7-23.

三島亜紀子（2007）『社会福祉学の〈科学〉性—ソーシャルワーカーは専門職か?』勁草書房.

三菱UFJリサーチ&コンサルティング（2021）『重層的支援体制整備事業に関わることになった人に向けたガイドブック』（https://www.murc.jp/wp-content/uploads/2022/11/houkatsu_09_1-1.pdf, 2024.6.24）

奥田知志（2014）「伴走の思想と伴走型支援の理念・仕組み」奥田知志, 稲月正, 垣田裕介, 堤圭史郎 著『生活困窮者への伴走型支援』明石書店, 42-98.

酒井隆史（2023）『賢人と奴隷とバカ』亜紀書房.

真田是（1973）「福祉労働と福祉運動」『現代社会福祉論』法律文化社（再録：2012, 『真田是著作集 第5巻』9-24.）

―――（1975）「社会福祉における労働と技術の発展のために」『社会福祉労働』法律文化社（再録：2012, 『真田是著作集 第5巻』69-100.）

総合社会福祉研究所（2005）『福祉労働の専門性と現実—児童・障害・高齢施設における業務実態調査第一次報告書—』福祉労働研究会.

上野加代子（2022）『虐待リスク—構築される子育て標準家族』生活書院.

渡邊太（2012）『愛とユーモアの社会運動論—末期資本主義を生きるために』北大路書房.

渡邉琢（2011）『介助者たちは, どう生きていくのか—障害者の地域自立支援生活と介助という営み』生活書院.

Weinstein, J（2011）"Case Con and radical social work in the 1970s: the impatient revolutions" Lavalette, M ed. *RADICAL SOCIAL WORK TODAY*, Policy Press, 11-25（=2023, 深谷弘和・石倉康次・岡部茜・中野加奈子・阿部敦監訳「1970年代における雑誌『ケース・コン（Case Con)』とラディカル・ソーシャルワーク—急進的な革命家たち」『現代のラディカル・ソーシャルワーク』クリエイツかもがわ, 33-50.）

第 6 章

ソーシャルワークの拒否へ向けて

桜井啓太

1　ソーシャルワーク Social work と支える手 hand

　ソーシャルワークを表象するモチーフをひとつ。あなたならなにを思い描くだろう？
　ソーシャルワークはしばしば「差しだされた手」で描かれる。会員数12万人を擁する世界最大規模の全米ソーシャルワーク協会（NASW）のエンブレムなどもそうだし、日本においても「支え手」というそのものずばりの形容がある。差しだされた手は、打ちのめされ孤立した人への寄り添いと共感を連想させ、クライエントへの支援行為（ソーシャルワーク）をダイレクトに想起させる。しかし、支えるその手（hand）というのは、温かみや共感、ケアとサポート、信頼関係の構築の手段としてだけではなく、同時に他者へ介入して処置して管理する手でもある（handling）。
　だから「支える」と「支配する」のあいだに本当はそれほどの距離はない。それを分かつものがあるとすれば、それは行為そのものではなく関係のところにあって、だから常にそれは不安定に揺らいでいる。

図1：全米ソーシャルワーク協会のエンブレム

さて、支え手と受け手の固定的な二者関係を克服しようという近年の社会福祉におけるチャレンジは「地域共生社会」としてよく知られている。

「地域共生社会」とは、制度・分野ごとの『縦割り』や「支え手」「受け手」という関係を超えて、地域住民や地域の多様な主体が参画し、人と人、人と資源が世代や分野を超えつながることで、住民一人ひとりの暮らしと生きがい、地域をともに創っていく社会を目指すものである[1]。

「支え手／受け手という関係を超えて一人ひとりが支え合う社会」は、ソーシャルワーカーが不要になるのではなく、むしろ社会の隅々までソーシャルワークが行き届き、誰もが支え手になることを要請する社会である。ニッポン一億総ソーシャルワーカー時代——そこでは住民一人ひとりがつながりと参画によって他者と自己を支え（支配し）あう。

しかし、支え手／受け手という権力関係を揺らがせるのは、みなが支え手になるほかにもあるはずで、差しだされたその手を拒むことだってひとつだ。拒否を突きつけるなんてネガティブに捉えられるが、拒否（NO）とは固定された現実関係にひび割れを起こして、既存の秩序を問い直すきっかけでもある。それは人びとが新たな関係のありようを渇望するときだ。

本章では、ソーシャルワークの無限定な肯定や全面化とは別の可能性——「ソーシャルワークの拒否」について考える。

2　労働が大好き／Social work is work

わたしたちはなにかをよりよくすることが大好きで、気がついたらいつもそんなことばかり考えている。あなたがしている仕事のなかでなにかひとつ（学校生活でも普段の人間関係なんかでもいい）、自分にできる小さな改善点を見つけてそれを実践することを想像してみよう。ソーシャルワーカーならクライアントとの対人援助におけるちょっとした工夫（tips）や業務におけるチェックリストの作成……。地域での取り組みなら関係機関の連携とかニーズや資源の掘

り起こし。そんな大仰でなくもっとシンプルなのでいい。人と話す時になるべく笑顔でいるとか、業務ミスをなくすためにタスクを整理するとか。小さなことから大きなことまで。仕事をより良くする工夫や実践は見つけようとすれば無限にあるし、ひとつやふたつくらいならやれそうな気もする。そしてそれをすれば確かに自分も世の中も少しよくなるように思える。

　今度は逆になにかひとつ、いま自分たちがしている仕事や業務のひとつをサボってみることを想像しよう。さっきと違って結構「うっ」とこないだろうか。「あの仕事は利用者さんのことを考えるとやめられないなあ」とか「あの業務はああいうリスクを想定すると必要だしなあ」とかサボるのに後ろ向きになる言い訳ばかりが浮かんでくる。

　私たちはいざサボれといわれれば案外ためらってしまう。何かやることを提案するのは「そんなのやめましょうよ」と言うよりじつは楽だ。批判や拒否よりも提案と受容が馴染んでいるから。そうして気がつけば改善とリスク管理の山にうずもれて、息も絶えだえ、ぜえぜえと窒息状態になっている。だから実のところ前向きな姿勢なんかよりも「そんなことはやりたくない」という拒否の声のほうが圧倒的に足りていないんじゃないだろうか。

　でもどうしてやるべきことを積み増すことには抵抗がないのにやらないことはこんなにも遠いのだろう。この理由のひとつは、私たちの労働に対する観念にある。私たちは「労働はよきもの」と強く信じていて、それは単なる生計手段以上の、人間にとってなにか根本的に大事なものなんだと思っている。だから「やらなくてすむならそれで結構」という態度にはなにかうまく迎合できない。

　「労働はよきものである」「労働は人間の本質である」といったテーゼは近代社会を構成するもっとも強力な言説のひとつだ。労働による賃金は私たちの生活を保障してくれる。それだけじゃない。労働はやりがいや生きがい、自己実現、社会参加であって、社会とのつながりを約束してくれる。それに誰かの労働なしに（分業）社会は機能しない。ある人の労働と他の誰かの労働が無数の網の目のように絡み合って世界が回っていて、そのなかで私たちは生きている。だから労働がまったく必要のない社会というのは想像できない。

　社会福祉の領域はさらにこの言説が加速しやすい構造をもつ。ソーシャル

第6章　ソーシャルワークの拒否へ向けて　133

ワークは人びとの生活課題に取り組み、ウェルビーイング——福祉とか厚生とか、とにかく人びとの生活を向上させるもののこと——を高めるための働きかけであり、人びとの日常の営みと直結してそれを支える営為である。ソーシャルワークは、ある人の権利を保障して改善させる。それならば「ソーシャルワークとは本質的によきものである」というのに誰が異を唱えるだろう。

　ただこうもいえる。やりがいとか自己実現こそが現代人を追い立てて働かせるメカニズムのひとつでもあって、ミシェル・フーコーという思想家風にいえば、権力というのは禁止するのではなく生み出す（生産する）ものである[2]。私たちが“与えられた仕事を精一杯がんばろう”と発想する時点ですでに権力を加速させてしまう。であるならば“仕事のやりがい”とか“本来の労働”とか、“本当のソーシャルワーク”なんかを主張するのは負け筋ではないだろうか。

　もっというと人びとによる労働と生産こそが資本を成立させている（これは後で話すイタリアの運動の理論的枠組みでもある）のだから、私たちが一生懸命仕事すればするほど、いやするからこそ、今の窮屈でどん詰まりな現実をより強化してしまう。それならば目指す方向性はよりよい労働（労働による解放）ではなく、もっともっとサボること、もはや労働しないこと（労働からの解放）にある。

　そんなこといっても労働は必要だろう。ソーシャルワーク（福祉の労働）はもっと必要だろう。そんな声が聞こえてきそうだ。じゃあちょっとずるいようだけど、労働の要・不要の話はいったん保留にしよう。どんな労働でもそれが本当に必要かどうかなんて一考……十考ぐらいする余地があると思うし、その上で仮にやっぱり必要だったとしても必要だからよいというのも飛躍した論理だ。だからその地点に戻って考えよう。必要かどうかは棚上げして「労働はよきものか」というところから[3]。

3　そんなにいいものではない

　今村仁司は、近代という時代はすべての人間が労働人間になることを通じてすべての人間が奴隷になるという史上はじめての全般的奴隷制の時代なのだ。

だから「労働はすばらしい」、「労働は人間を鍛えなおす」、あるいは「労働の尊厳」という観念を持ち出すのは、資本主義だろうと社会主義だろうと、どうころんでも労働が根本的に奴隷的であることを覆い隠すイデオロギー操作でしかない、という身もふたもないことを書いている[4]。たしかに古代ギリシアでは労働は奴隷の役割であったし、中世初期まで労働というのは基本的に非人間的で蔑視の対象とされていた。これが近代になると180度転換する。近代になって素晴らしい労働がたくさん人びとにもたらされた、というのは信じがたいので、「労働は素晴らしいもの」だと人びとに信じさせるようになった（イデオロギー操作）という時代が近代なのだというのもわかる気がする。きっとそれは資本主義を存続させるのに不可欠の要素だ[5]。

　ソーシャルワークというのはせいぜい150年前に生まれた新しい仕事であるが、昔も今も「労働人間のできそこない」を管理したり、ケアしたり、訓育する役割を果たしてきた。その意味でソーシャルワークは奴隷が奴隷を管理するための一手法であるといえる[6]。

　とはいえ、よき労働者（奴隷）になれないものは死ぬしかないといった労働社会において、規格から外れたものをなんとか生かそうとしていたのは事実で、その意味では先人のソーシャルワーカーたちは人びとの命と生活をたしかに守っていた（そしてそのおなじ手はたしかに貧者を管理することにも使われてきた）。

　誰だって自分が奴隷であると指摘されるのは気に食わないし、奴隷管理の仕事だなんて言われるのは嫌だ。でも今村は労働の尊厳なんて甘い言葉で覆い隠さずに、労働が根本的に奴隷的であることを直視してそれを美化する労働表象をできる限り解体することが現代の社会思想の根本問題とまで言っている[7]。ソーシャルワークも労働である以上、理念や理想でシュガーコーティングしてしまう前に、その労働性が内包する奴隷性をまずもってさらけださなければいけない。

4　労働の拒否／ソーシャルワークの拒否

　「労働はよきもの」という労働信仰は、資本主義・社会主義を問わない。む

第6章　ソーシャルワークの拒否へ向けて　　135

しろ社会主義こそ労働信仰が根強く、たとえば日本国憲法の労働の義務（27条）が旧社会党の主張のなかで修正追加されたことは有名だ。伝統的なマルクス主義においては、労働を商品化する過程のなかで資本が労働者から搾取を行うとされる。本当に仕事（価値）を作り出しているのは労働者であり、資本は労働者から労働の価値を奪い搾取をしているのだ、と。

　1960年代イタリアで展開したオペライズモ（派生してアウトノミア）の理論家であるマリオ・トロンティは、当時としては異端だが、しかしある意味で誰よりも厳格ともいえるマルクス解釈のなかでこの労働における搾取の見方を反転させている。とてもおもしろいところなのでみてみよう。

　まず「仕事をつくり出しているのは本当の意味で資本家である」とトロンティはいう（この時点でなんてひどいことを言うヤツだ、資本家の手先なのか！と叫びたくなる気持ちをおさえて次へ）。トロンティは続けて「労働者は仕事ではなく、資本をつくり出している」のだと[8]。

　なんだか詭弁に聞こえるが、資本家—労働者の関係において、資本家も労働者も独立して存在することはできない。資本家がつくり出した仕事に従事することで人は労働者になるのであり（労働者は資本の生み出す仕事なしに労働者になりえない）、また同時に労働者が労働者として仕事をすることで資本家は資本家として存在できる（資本は労働者抜きに資本たりえない）。労働を生み出すのが資本であり、資本を成り立たせるのが労働者であるという事実を認めるならば、闘い（戦術）の次元は変わってくる。

　労働者階級の戦術は真の労働を奪還する点にあるのではない。自分たちの武器は資本の条件を構成している点にあり、労働者が行うべきは労働そのものを拒否することによって資本の条件を攪乱すること。こうして闘争の形態「労働の拒否」が導きだされる[9]。

　このことをソーシャルワークに引きつけてみる。とはいえすでに答えはでている。ソーシャルワークも労働であって、しかもそれは資本主義社会をうまくまわすための仕事なのだから、その事実をまず認めたうえで、「ソーシャルワーカーの戦術は真のソーシャルワークを奪還する点にあるのではない。自分たちの武器は資本の条件を構成している点にあり、ソーシャルワーカーが行うべきはソーシャルワークそのものを拒否することによって資本の条件を攪乱するこ

<u>と</u>」となる。

　ずいぶんと威勢はいいけど、労働者目線ばっかりで当事者不在だよね、ソーシャルワークってそんなもんじゃないから。支援しないと死んじゃう人もいるんだよ？　人殺すの？

　うん、まったくそのとおりだと思う。現実的な話、福祉制度もソーシャルワークもそれによって救われている人がいるわけで、そこから全面撤退して死屍累々なんて未来が理想なわけがない。このままじゃあちょっとこの考え方は使えない。

　トロンティらオペライズモの思想を継承しつつ、それを労働者ではなく、非失業者を含むプロレタリアの全体の問題として捉え返したA.ネグリという思想家がいる。ネグリの思想において重要なのは、賃金闘争を公共支出（社会福祉も当然含まれる）をめぐる闘争へと拡大させてゆくことにあった（小倉1983：179）。ネグリの難解な思想を端的に解説する小倉利丸の一文を引用しよう。

　　　住宅建設から失業保険まで様々な公共支出は、生存権の承認という現代資本主義の新たな枠組みのなかから生まれてきた階級宥和の戦略であるということができるが、それが有効性を発揮するのは一方における労働倫理の確立と、他方における国家依存による体制への従属的心性そしてそれらを制度化する反体制勢力の体制内化が存在する場合であろう。しかしネグリがここで主張するのはそうした意味での、単なる生存権の資本主義の枠内での保障という改良主義ではない。ひと言でいえば労働の拒否と公共支出を結合させることによって、労働の拒否に物的な基礎を与えることである。こうして国家による所得再分配は、労働力の資本主義的な再生産に統合されず、従ってシステムを支える物的再生産の構造は「脱構造化」される。ネグリはこれを構想したのだ（小倉1983：179-180）

　労働の拒否と公共支出を結合させることによって、労働の拒否に物的な基礎を与えること。この地点での「労働の拒否」は労働者ではなく、今生きているすべての者へと拡がる。

第6章　ソーシャルワークの拒否へ向けて　137

だから「働けなくなったから保障してください」「やり直すために援助してください」というような労働倫理と国家への従属に塗れた体制枠内でのケチな生存権保障なんてものでは足りないのだ。国家による福祉制度を使うなというのではない。ちっぽけな金額で過当な要求をしてくるシステムに対して、もっとカネをよこせと要求し、それを引っ張りだした上で体制が期待する要求をまるっと無視すること。「自立のためですよ」「何度でもやり直せる社会のためですよ」「社会的包摂ですよ」などというのは大きなお世話であって、支配されないために、やり直させないために、取り込まれないために、私たちがやりたいことをしてやりたくないことをしないために、私たちが本当に求めるありようを実現させるための物質的な基礎として活用してやる。そのときに資本主義の発展のなかで生まれた社会福祉が、資本の再生産サイクルに統合されない鬼子となりうるだろう。資本主義体制下での条件付きの社会福祉に、ソーシャルワークの拒否という毒を注入することで、それを人びとの労働の拒否を支える物的な基礎を与えるものへと根本的に変容させる。人びとの労働の拒否を支えるソーシャルワークの拒否。

だから真のソーシャルワークがどこかにあって、それがソーシャルワーカーの本当の使命という見方をとるのはやめるべきだ。ソーシャルワークを作り出しているのもまた資本であって、ソーシャルワーカーはクライエントではなく資本を支えている。ソーシャルワークを生み出すのが資本であるのであれば、ソーシャルワーカーの戦術というのは、真のソーシャルワークを奪還するのではなく、自分たちの武器を再確認して、ソーシャルワークの拒否を通して資本の条件を攪乱し、社会福祉を変質させる。これがソーシャルワークの拒否となる。

5　このようにソーシャルワークしない技術

J・C・スコットの本で知ったのだが[10]、フランスの社会思想家プルードンはこんなふうに言っている。

《統治される》ということ、それは、その資格も、知識も、徳性も……持たない連中によって監視され、検査され、スパイされ、指導され、立法され、規制され、囲いに入れられ、思想教育され、説教され、統制され、見積もられ、評価され、非難され、命令されることを意味する。《統治される》ということは、あらゆる活動、あらゆる取引、あらゆる動きにおいて、記録され、登録され、調査され、課税され、印紙を貼られ、測定され、査定され、賦課され、免許され、認可され、許可され、注記され、説論され、差し止められ、矯正され、懲戒され、折檻されることなのである[11]。

　これは国家や資本による権力、組織化した集団によって人間が統治されるということを端的に描いている。これら統治（秩序維持）を担う一連の専門家たちとして医師、教師、精神科医、心理学者などとともにソーシャルワーカーが挙げられることは多い[12]。これに対して今風のリベラルなソーシャルワーク論として応答するならばこんな感じだろうか。

《支援される》ということ、それは、その資格と、知識と、専門性を認定された専門家によって見守られ、聞き取られ、訪問され、誘導され、制度化され、保護され、包摂され、教育され、説論され、調整され、計画され、効果測定され、受容され、助言されることを意味する。《支援される》ということは、あらゆる活動、あらゆる動きにおいて、把握され、承認され、連携され、開発され、寄り添われ、つながりもどされ、関係構築され、アセスメントされ、マネジメントされ、コーディネートされ、エンパワメントされることなのである。

　しかしこれは優しい統治、善き統治の一形態でしかなくてそこから抜け出るものではない。「支援すること」に固執するソーシャルワーク論がいまひとつ面白くない理由はここにあって「ボクの考えたさいきょうのソーシャルワーク」みたいなものにはついていけない。糞を金粉で塗り固めて見た目良くしたところで中身は所詮うんこだろう。だからむしろ「○○してみないこと」の地点から考える。こうだ。

第6章　ソーシャルワークの拒否へ向けて　139

《統治されない》ということ、それは、どのような連中によっても、監視されず、検査されず、スパイされず、指導されず、立法されず、規制されず、囲いに入れられず、思想教育されず、説教されず、統制されず、見積もられず、評価されず、非難されず、命令されないことを意味する。《統治しない》ということは、あらゆる活動、あらゆる取引、あらゆる動きにおいて、記録されず、登録されず、調査されず、課税されず、印紙を貼られず、測定されず、査定されず、賦課されず、免許されず、認可されず、許可されず、注記されず、説諭されず、差し止められず、矯正されず、懲戒されず、折檻されないことなのである。

　この地平からソーシャルワークを考えてみることは可能だろうか。統治されない、転じて統治しない、もはや統治してみないこと。とかく私たちは「こうあるべき／このようにするべき」という前向きで生産的な形でソーシャルワークを語るが、生産的であること自体をカッコにいれて統治と支配そのものに牙を剥くような方向にはなかなか想像が及ばない。

　この地点からすると「支援者」とか「包摂の実践者」は適当解ではない（伴走者なんてとんでもない）。「包摂の担い手か、排除の尖兵か」という二者択一は罠であり、包摂と排除は正しくソーシャルワークのふたつの機能を言い表している。だから問題は排除だけではないのだ。包摂しつつ排除する（排除しつつ包摂する）。この一見相反するふたつのプロセスは実は表裏一体であり、それゆえに資本の生成を構造的に支える。そうである以上、「包摂の実践者」を選ぶということだけでは不完全であり、それを選んだ時点ですでに資本の生成プロセスのなかに取り込まれている。

　重要なのは資本の積極的な価値生成プロセスのただなかに位置しながら、消極的に自らの存在を発揮させる具体的な手段。資本を支える排除も包摂からをも背を向けて、その生成に抗するようなありよう。包摂や支援ではなく徹底的に排除／差別／分離／統治への敵対者であることが、ソーシャルワークの内部にいながらソーシャルワークに抗する基本的な立ち位置となる。その具体的な手段はソーシャルワークの拒否となる。ただなかにいながらソーシャルワーク

に抗するために必要なのは、ソーシャルワークの徹底的な分析（いかようにしてそれが資本の生成と権力の再生産への役割を果たしているか）ともうひとつ、おもしろおかしい戦略である。

6　だまってトイレをつまらせろ

　労働を生み出すのは労働者ではなく資本のほうであり、そして現代社会において労働が生み出されるのは工場だけではなく、もはや社会全体がひとつの工場として機能している（家事労働などの再生産労働やケア労働、教育という名の労働者になるための学業労働など）。社会のどこを見渡しても労働（あるいは労働のための労働）によって埋め尽くされているというこのひどく憂鬱な状況。しかしそれは見方を変えればいたるところに現実に敵対する対抗の可能性が存在するということでもある。

　イタリアでアウトノミア運動が吹き荒れた1970年代、日本の釜ヶ崎・山谷で活動した船本洲治はこの拒否に連なる思想を独自に展開している。寄せ場での日雇い労働に身を置きながら強靭に磨き抜かれた船本の思想はヒリヒリするような地べたの仕事から発せられるコトバと共に在る（「だまってトイレを詰まらせろ」など）[13]。

　鋳物工場での仕事は「皮の手袋」が必須であるが、本工（いまでいう正規社員）は毎日きれいな手袋を支給される一方で、日雇い労働者には5日に1回、10日に1回しか支給されない。しかし一生懸命働こうとするとたいてい3、4日で手袋は擦り切れて穴が空いてしまう。船本いわく、普通の労働者ならば組合活動を通して「3日に1回支給せよ」と要求するかもしれないが、「ぼくら」の闘いはちがう。「まともに働くと3日で穴があくならば、5日に1回しか穴があかないようにはたらこうやないか」、と。

　同じように建設現場でどついてくる親方のいる現場に出くわせば、土方が扱うネコ（工事用の一輪車）を釘の出た切れ端の上に歩かせてパンクさせて仕事を止めてしまう。現実の階級関係を認めたうえで、自身を弱者に固定しながらおこぼれをもらうのでも、自分たちを強者にみせかけて同じ土俵に上がって交

渉するのでもなく、弱者としての存在をむしろ徹底することで、自己の存在を知らせぬままただ事実行為によってのみ現実を作り変えるのが、船本流のサボタージュ戦術である。

もちろん船本がその闘争「ひらきなおる論理」を主張したとき、その論理には常に「誰が誰に対して、どういうことに関してひらきなおっているのか、という問いが必要である」と示した点を忘れてはならない。直接行動はいつだってそれを後支えする理論と論理が必要となる。

私たちそれぞれの現場における、皮手袋に穴があかないような働きかたはどんなもので、パンクさせるネコ（一輪車）はなににあたるか、詰まらせるトイレはどこにあるか、それぞれの現在地にある手袋やネコやトイレを見定めて志向しなければならない。戦場はそこかしこにあって戦術は無限にある。

これら拒否の戦術が実際の有効性を帯びるのは、「リアルな現状分析」と「創造的なアイデア」、「価値と倫理」が不可欠である。当たり前だがトイレを壊すことと人間を傷つけたり損ねたりするのはやっぱり違う。しかし資本主義は私たちのそうした逡巡や倫理すらも餌食にして利用してくる。だから私たちは何を武器にして「何をつまらせるのか」ということを、いっそう戦略的に問うていく必要がある。何のためにその実践があるのか、を常に問い続け、何のためのサボりか、そこに位置しつつあえて行わないことで何を狙っているのか、が常に問われる。どこをつまらせてやったら資本主義社会にダメージを与えて抵抗できるのかを見つけることができれば断然おもしろおかしくなる。

【小休止　大阪市のプリペイドカード実験】

2014年12月26日、当時大阪市長の橋下徹は記者会見で生活保護費のプリペイドカード支給実験について発表した。

橋下：生活保護制度全体の適正支給、また受給者の支出の適正さということから考えたら、これは管理をする、記録化するなんていうのは当たり前のことなんでね。このカード化っていうのは、大いにメリットになると思いますよ。

2012年人気お笑い芸人の親族の生活保護受給をめぐる狂騒を転換点として、2013年に自公政権による過去最大の生活保護基準の引下げ、そして厳格化へと大きく舵を切った生活保護法の改正へと事態が急ピッチで進み[14]、大阪市の実験は日本社会の貧困者政策が新たなステージに入ったことを匂わせた。橋下は受給者を管理する目的だけではなく、自立支援のためのツールとしても有用であると述べ、将来的には生活保護受給者全体へとこの事業を広げる野望を語っていた。

　記者：と申しますと、今回はモデル事業なので希望者だけですけれども、本来的には対象者全てがこの方式にしていくのが望ましいと？
　橋下：僕はそう思いますよ。ただ全部をカードっていったら、それは現金の必要性もあるんでね。それは生活保護制度っていうのは税で賄っている制度であるんで、支給についても支出についても、適正さを求めることの一環として、受給者にはこれくらいの一定の負担を負ってもらっても、然るべきかなと思いますけれどもね。

　当時、大阪市の隣の自治体でケースワーカーをしていた私は、自立支援の名のもとですすむこの露骨な管理政策を暗澹たる気持ちで見ていた。ところが翌年3月、このプリカ実験の進捗について産経新聞がある記事を報じた。

　生活保護"トップ"大阪市「プリカにチャージ」実験、参加希望わずか"5世帯"[15]
　（前略）市は、2月上旬から24区のケースワーカーを通じて参加者を募集してきた。わずか5世帯、目標数の「400分の1」という現状に、市担当者の1人は「予想より少ない」と困惑気味に話す。

　記者会見で市長があれほど喧伝したのに5世帯。沽券にかかわったのだろうか、その後最終的には参加者は65世帯まで増えた。それでも目標2000世帯の3％程度だが。
　ちなみに大阪市の生活保護世帯数は11万7500世帯（当時）で全国の市町村の

第6章　ソーシャルワークの拒否へ向けて　143

なかで最大の規模。ケースワーカーの配置数も市内に1000人以上が配属されている。それだけの受給者もケースワーカーもいるのにたった65世帯。これが民間の新規事業で、当初目標2000世帯の3%しか達成できなかったら責任問題だろう。元市長が大好きな「民間感覚」とか「成果主義」からすると許されない話のように思える。

　大阪市のプリカ実験は大失敗に終わり、翌年春、本格実施を断念したことがひっそりとベタ記事で報じられた。

今春の本格実施断念＝プリカで生活保護費－大阪市
　大阪市が昨年5月から今年3月にかけてモデル事業として生活保護費の一部をプリペイドカードで支給する取り組みについて、今春の本格実施を断念したことが13日わかった。カードを利用したのが65世帯と少なく、提携先のカード会社の採算が合わなかったという[16]。

7　日常型の抵抗

　おなじくおもしろおかしく抵抗の可能性を探るのが、J・C・スコットの『実践 日々のアナキズム』である。スコットはこの本のなかで、日常型抵抗・底流政治という概念を提起している。それは「だらだら仕事、密猟、こそ泥、空とぼけ、サボり、逃避、常習欠勤、不法占拠、逃散」といった行為であり[17]、従属階級によるほとんど不可視の微視的な実践である。「日常型の抵抗」は歴史的にみればアメリカ南北戦争で南部連合国を敗北させ、ナポレオンの侵略戦争を頓挫させた。動員された無数の名もなき兵士たちが脱走し徴兵忌避を行い、その他あらゆる場面で多様な不服従を繰り返したとスコットはいう。

　しかし南北戦争などの歴史に残るような成果を持ち出すこと自体が日常型の抵抗の趣旨からは外れているだろう。「それらは決まって匿名で、自らを主張することはない。（中略）公然たる反乱とはまったく異なって、脱走は公的な主張は掲げないし、声明も発表しない。声を上げるのではなく、出てゆくので

ある」。静かで控えめな日常の不服従は実際にはこれまでより多くの体制を少しずつ屈服させてきたが、しかし決して行政文書に残らず歴史家の目にとまらない[18]。

「小休止」で取り上げた大阪市の小話。実は公的扶助を現物給付化やプリペイドカード制にしようという動きは海外でも先進事例があり一定の潮流をなしている。アメリカのSNAP（いわゆるフードスタンプ）という現金バウチャーが有名だが、オーストラリアのベーシックスカードは先住民族（アボリジニなど）らを対象にした所得管理のためのデビットカードである。アメリカのSNAPと同じようにタバコや酒類などの禁制品があり、ほかにポルノ雑誌など「望ましくない」物品が購入できないよう制限される。背景にあるのは「福祉依存」に対する非難と現金給付への忌避感であって、税金で生活するような奴らに自由に買い物できる権利はないという直接的なメッセージが込められる。

カードを用いた所得管理政策はもともとこの種の新自由主義的な福祉改革の一環で導入されたが、リベラルな労働党政権においても社会的統合策としてむしろ推進される[19]。そこでのロジックは「彼ら（受給者）のため」——意志が弱くアルコールやギャンブル依存をやめられない人びとを立ち直らせるため、困っている子どものために使わない親に責任を持たせるため——彼らの「悪い」振る舞いを矯正し、本来の自立支援という目的のために正当化される。

このベーシックスカードはオーストラリア北部準州において2007年から先住民族の福祉給付受給者を対象に一部導入されたが、その成功体験（世論も大きく支持した）からのちにオーストラリア他州へ着々と適用対象を拡大し、福祉給付受給者全体へと全面展開しつつある。オーストラリアの政策展開を見れば、大阪市の実験もその波及効果は無視できなかった。実際にこの事業は当時の厚生労働大臣も「家計管理の支援の方策として今後注視していきたい」と発言していたし[20]、一部のメディアもたとえば産経新聞はオーストラリアの政策を好意的に紹介するなかで大阪を皮切りに他自治体でも展開する可能性について言及していた[21]。しかしながら大阪のプリペイドカード実験のあと、政治・政策レベルで生活保護費をプリペイドカード化しようという動きは、日本においていったんかき消えた。

オーストラリアの「成功」と日本の「失敗」を分かつものはなんだったので

第6章　ソーシャルワークの拒否へ向けて　145

あろうか。

　これは大阪の大失敗——目標2000世帯と派手にぶち上げて65世帯にとどまった——が直接の原因であり、その結果を導いたのはなによりそんな実験に付き合わなかった大阪市の生活保護ケースワーカーと生活保護受給者の拒否だ。成し遂げたというのは語弊があるかもしれない。しょうもない仕事を「やらなかった」だけであり、要請に「応じなかった」だけだ。でもそんな一人ひとりの仕事の拒否、サボりや逃避が、少なくともマクロなレベルでの新自由主義再編（福祉受給者の所得管理の強化）を潰して、向こう10年はそのネオリベ的な政策を政治の場から後退させた。これは名もなき福祉労働者・福祉受給者たちの資本と管理に対する日常型の抵抗と言えないだろうか。住民運動や労働組合による組織的な反対運動とはまた違う、真っ向から公然と立ちむかうのではなく、そっと黙ってただだらだらと協力しない異質な運動。英雄的でなく別にカッコよくもなく、たいしてだれにも注目されない。弱者の側に身を置き黙ってトイレを詰まらせる。しかしその影響は計り知れないのである。

8　ソーシャルワークに抗するソーシャルワーカー

　基本的によいものではなく、やらなくてすむならそれがよいのが労働であって、ソーシャルワークだけは違うと特権化しないほうがよい。いやむしろソーシャルワークは余計にそうなのだ。私たちは「あるべきソーシャルワークとはどのようなものか」ばかり考えすぎていて、その手前の「ソーシャルワークはあるべきなのか」は考えない。基本的にないにこしたことはないのだ。だから「なくすべきソーシャルワークはどのようなものか」を考えよう。後ろ向きな前向きでやりたいことよりやりたくないことを語ろう。仕事のやりがいなんかを思わず語ってしまうとき、たとえそれが自身の内発的なものであってもいったんは立ち止まって疑ってみることである。仕事の尊厳は脇において、よき支援、よき実践、当事者のためという言葉で思考停止しないことが重要である。

　労働（ソーシャルワーク）の拒否とは、労働者であることをただちにやめて隠遁生活を送れというのではない。むしろそのただなかにいる自己の情況を最

大限に利用する。資本制度の核心（＝労働）に位置しながら資本制を解体する
具体的な手段としての拒否を虎視眈々と狙う労働に抗する労働者。ソーシャル
ワークに抗するソーシャルワーカー。

　だから拒否戦略や日常型の抵抗をソーシャルワークのなかにおいても実践す
ることはできる。権力の側がもっと働けといえば働かず、就労支援をしろと
いえばやったふりをし、成果報告しろといえばろくに意味もない指標を開発して
お茶を濁し、管理を強化しろといえば目を光らせたふりだけする。逆も必要で、
生活保護世帯を減らせ、介護サービスを減らせと言われればそっと増やせばよ
い（ここは生活保護だけでなく、ソーシャルワーク全般を考えられるし考えるべき
だろう。児童福祉や精神保健、介護分野だってまったく例外でない）。

　国家による所得再分配の実量を増やしつつ、それを労働力の再生産と統合さ
せないためにあの手この手を繰り出す。こうして人びとの労働の拒否に物的な
基礎を与える。所得再分配を引き出して人びとに生活する基礎を調達してくる
一方で、それを対価にして条件づける国家による要請を骨抜きにする。カネを
出させてクチを出させないを最前線で実現する。このときソーシャルワークの
拒否によるソーシャルワーカーにしかできない貢献の可能性がみえてくる。

　近年、いわゆるマクロ・ソーシャルワークとしてソーシャルアクションが注
目されている。ソーシャルワーカーは、社会統制だけでなく、社会変革も担う
存在なのだということが、ソーシャルワークの意義を認める大切な要素である
とされる。たしかにソーシャルアクションはカッコいい。社会を変えるとか新
しい制度を作るとか。メディアにも注目されるし、社会活動家の発信にはあこ
がれる。それに反してソーシャルワークの拒否は全然キラキラしてない。なん
せ仕事をしないのだからそれは当たり前だ。

　でも社会をマシにするのは、良きことを始めるだけではなく、いやなことを
やらないようにするのだって重要なはずだ。前者を語る人は多いが後者はなか
なか語られない。それはどうしてもある種の反倫理的な色彩を帯びてしまう。
しかしソーシャルワーカーはソーシャルアクションを免罪符にするのではな
く、その原罪のソーシャルワークそのものと向き合わなければならない。労働
者のできそこないを管理して処理する抑圧的側面、権力の道具としての日々
の実践を問題にしなければならない。そこにとどまりそれを骨抜きにするよう

第6章　ソーシャルワークの拒否へ向けて　　147

な方法に力を注がなくてはならない。そうしてソーシャルワークに抗するソーシャルワーカーであること、ソーシャルワークのただなかにいてソーシャルワークと抗する闘いを始めなければならない。

　政治を変える、社会を変えるというのは、たいていの場合は、議会政治のことであり法制度のことを指しているが、本当に厄介なのは、私たちのなかに在るリベラルであったり、もっと身近な近代的な価値観であったりする（労働は尊い、改善や提案はよいことであるとかなんでも）。そういう素朴な私たちの価値観と向き合わないことにはなにも始まらない。

　イタリアのオペライズモが労働の拒否のためにまず徹底的な労働分析を行なったように、拒否するためにはそれを徹底的に分析する必要がある。ソーシャルワークの拒否においてもやるべきことは突飛なことにはならない。オペライズモの労働分析と同様に、自分たちのソーシャルワーク分析を徹底的に進めること。自身の労働の意味、役割、機能を徹底的に問い詰めて、どんな甘えも許さない姿勢で奴隷を管理する奴隷労働を解剖して腑分けして白日の元に晒す。その上で、それが一番先鋭化する場面、管理する仕事から順にやらない、サボる、逃げる、無視する、やったふりをする、嘘をつく、そのための戦術をなるべくおもしろくておかしくて、自分たちにとっても苦にならないような形で編み出す。

　反抑圧的実践というのは、自分自身が統治の尖兵として抑圧している現状を徹底的に分析した上で、それを骨抜きにする可能性に至る形でしか意味をなさない。実践と反抑圧的実践は二項対立的に整理できるものでなく、抑圧のボールは常に私たちの手にあり続ける。ソーシャルワーカーである以上、自分だけが綺麗な場所にいることなどできない。しかしこのことは悲劇ではなく希望であって、管理と抑圧をなすのがソーシャルワーカーなのであれば、それを無効化する可能性もその手にある。自分の手に届かないところにあるのではなく、ボールがまさに私たちのところにあるというのはそこに抗する余地があるということでもある。政治家でもなく官僚でもないからこそ、それを骨抜きにする豊饒な余白がある。

おわりに――平手から握りこぶしへ

　ソーシャルワークのモチーフである「差しだされた手」というのは平手、やわらかくひらかれた手のひらであった。そして手はいつも上から下へと差し出される。アウトノミアもだが、労働運動における連帯や抵抗を示す社会運動のシンボルはしばしば地べたから真上へと高々と振り上げられた握りこぶしであらわされる。抵抗のシンボルとしてのグー。わたしたちは他者と自己を懐柔して手なづけるためにひらいたその手を、その指を一本一本折りたたみ、こぶしを握り直して支配的な現実に対してノーを突きつけなければならない。

　けれどもグーでパーに勝てるのだろうか？――いつだって打ち破るというのはそういうことだろう。

1)　厚生労働省「我が事・丸ごと」地域共生社会実現本部（2017）『「地域共生社会」の実現に向けて（当面の改革工程）』：2.
2)　箱田（2022）：24、ミシェル・フーコー（1976=1986）：121.
3)　本稿では「労働」でまとめてしまっているけれども、賃労働以外のたとえばケア労働や再生産労働についてどう考えるべきか。家父長制資本主義の特徴が、ある行為（賃労働）に特権や優位性を与えて、他の行為（再生産労働など）を劣位に置くものであるのだが、フェミニズムの思想はケア労働だから素晴らしいなどとは言っていない。それが不当に偏在し、搾取や収奪の基盤になっていることを明らかにしたのである。労働の範囲を概念拡張する戦略と、労働概念自体を無効化して揺さぶる戦略はもう少し丁寧に議論する必要があるだろう。
4)　今村（1988）：191-194.
5)　ジグムント・バウマン（1998=2008）.
6)　本章では触れられないが、労働人間のできそこないへの管理（賃労働）だけではなく、家族への管理（近代家族と児童）もまたソーシャルワークの重要な仕事であった（J.ドンズロ 1977）。
7)　今村（1988）：194.
8)　トロンティ（1966=2019）：244.
9)　なお、ここでの労働のイメージは旧来の工場労働が想起されるが、トロンティは「社会的工場」というアイデアによって、生産は工場内の労働だけで完結するのではなく、それを構成（再生産）するための家族、地域、国家の社会すべてがもはやひとつの工場として作用していることに着目した。もはや工場の外部は存在せず、社会全体がひとつの工場として生産に作用している。この発想からすれば、福祉国家（社会国家）におけるソーシャルワークの役割――労働能力を失った人びとを労働力へと差し戻し（再商品化）、労働力

を提供できない存在にも資本主義社会のなかで最低限の生活ができるように保障する（脱商品化）。——も「ひとつの工場」における労働として作用している。

10) J.C. スコット（2012＝2017）：xx-xxi.

11) プルードン（1851＝1980）：227-228。なお、原文ではこの倍近くさらに続く。

12) イリイチ（1984）など。

13) 船本洲治の「黙ってトイレをつまらせろ！」とは、たとえば工場のトイレにチリ紙を完備しない経営者に対する運動として以下の3つがある。

①労働組合は広範な労働者に呼びかけ、代表団を結成し、会社側と交渉し要求を受け入れてもらう。

②戦闘的青年労働者は闘争委員会を結成し、暴動を起こすぐらいの実力闘争をやり、会社側を屈服させ、要求を呑ませる。

③ある労働者は新聞紙などの固い紙でトイレをつまらせる。

——①は、現実の階級支配を認め、自己を「弱者」として固定し、敵を対等以上の交渉相手として設定し、自己の存在を敵に知らせ、陳情する。

——②は、現実の階級支配にいきどおり、自己を「強者」として示し、敵を対等以下の交渉相手として設定し、自己の存在を敵に半分知らせ、実力で要求を呑ませる。

——③は、現実の階級支配を恨み、自己を徹底した「弱者」として設定し、したがって自己の存在を敵に知らせず、かつ敵を交渉相手として認めず、隠花植物の如く恨みを食って生きる。結果的には会社側はトイレの修理代が馬鹿にならぬのでチリ紙を完備するであろうが、③の思想性は他の①や②と比較して異質である（矢部＋山の手 2006：119）。

14) 大阪市の実験の根拠は、改正生活保護法（2013年12月成立）による「受給者の責務（生活保護法第60条）」の強化であった。

15) 産経 WEST（2015.3.4 11:40）.

16) 今春の本格実施断念＝プリカで生活保護費 − 大阪市：時事ドットコム（2016/04/13-20:22）.

17) スコット（2014＝2017）：xviii.

18) スコット（2014＝2017）：10-16.

19) 藤田（2016）.

20) 2015年4月28日塩崎大臣閣議後記者会見概要。

21) 産経新聞「大阪」にも波及か　酒・ギャンブルＮＧ、豪の生活保護費カード支給政策 2015/4/7 07:00.

【参考文献】

アントニオ・ネグリ／小倉利丸訳『支配とサボタージュ』『現代思想』1983年3月号，163-171.

イバン・イリイチ他著／尾崎浩訳（1984）『専門家時代の幻想』新評論.

今村仁司（1988）『仕事』弘文堂.

小倉利丸（1983）「ネグリをめぐる状況と文脈：アウトノミア運動ともうひとつのイタリア・

マルクス主義」『現代思想』1983年3月号，172-183.

ジェームズ・C．スコット／清水展・日下渉・中溝和弥訳（2014=2017）『実践　日々のアナキズム：世界に抗う土着の秩序の作り方』岩波書店.

ジグムント・バウマン／伊藤茂訳（1998=2008）『新しい貧困──労働，消費主義，ニュープア』青土社.

ジャック・ドンズロ／宇波彰訳（1977=1991）『家族に介入する社会──近代家族と国家の管理装置』新曜社.

箱田徹（2022）『ミシェル・フーコー』講談社現代新書.

ピエール・プルードン／渡辺一訳（1923=1980）「十九世紀における革命の一般理念」『世界の名著53 プルードン・バクーニン・クロポトキン』中央公論社.

藤田智子（2016）「新自由主義時代の社会政策と社会統合─オーストラリアにおける福祉給付の所得管理をめぐって─」『オーストラリア研究』第29号，16-31.

船本洲治／船本洲治遺稿集刊行会編（2018）『黙って野たれ死ぬな（新版）』共和国.

ミシェル・フーコー／渡部守章訳（1976=1986）『性の歴史Ⅰ 知への意志』新潮社.

Tronti, Mario 1966 Operai e capitale, Einaudi Editore = 2019 David Broder 英語版翻訳，Workers and Capital, 2019, Verso Books.

矢部史郎 + 山の手緑（2006）『愛と暴力の現代思想』青土社.

Column ②：福祉の市場化に飲み込まれる福祉専門職

社会福祉法人　フォレスト倶楽部

鶴　幸一郎

はじめに

　筆者は、小さな社会福祉法人で運営する障害福祉事業所の理事長として勤務している。法人本部には、ほぼ毎日のようにかかわりのない株式会社や人材派遣会社、コンサルティング会社などからFAXが届く。内容は千差万別で、グループホームや放課後デイサービスの新規開設、資金確保の関するもの、就労支援事業の新規事業としてメダカの養殖販売の勧誘、人材紹介などである。こうしたものは、こちらが依頼したわけではなく、勝手に送信されてくるので正直、毎月FAXの紙代を送信側に請求したいぐらいの量である。また、大手企業からは私個人宛にダイレクトメールまで届いてくる。社会福祉法人は、毎年法人情報の公開が義務付けられている関係で、理事長が誰であるかは調べれば簡単に判明してしまうからであろう。このことからもわかるように福祉サービスにおける運営、事業展開、人材確保とあらゆる面で、営利を目的とした企業が参入してきている。

　自身がソーシャルワーカーとして働き始めた1997年頃は、地域で障害福祉サービスを提供する事業所はほとんど存在せず、障害者の家族が立ち上げた作業所が点在するのみであった。そのころから比べると確かに障害分野以外も含めて福祉サービスは、そのメニュー、量とも格段に増加したわけだが、その背景にはいわゆる「ケアの社会化」に伴う福祉サービスの市場化がある。そして、ソーシャルワーカーと呼ばれる福祉専門職もその流れに否をなく巻き込まれていった。ここでは、「福祉サービスの市場化」がソーシャルワーカーの存在そのものや支援実践にどのような影響を及ぼしたのかについて、自身の経験を交えて言及したい。

福祉事業所の運営実態

筆者が勤務する社会福祉法人では、障害者の就労継続支援B型事業所（以下就継Bと略）と共同生活援助事業（グループホーム）を運営している。もともと就継Bは、2006年の障害者自立支援法が施行される以前は作業所と呼ばれ、グループホームとともに障害者の家族が中心となって、自分たちの子どもである障害者の居場所や日中活動、家族自身が自分の時間を確保するためや亡くなった後の住まいとして設立、運営してきた。よって、行政が後追いで補助金を出してきた経過がある。また、その後精神障害領域で法制化された社会復帰訓練施設（援護寮）や地域生活支援センターといった地域資源は、年間一括補助金の上、福祉国家資格の精神保健福祉士が人員配置基準で必置となっていた。

それが2006年以降、身体障害・知的障害・精神障害の三障害を統一した障害福祉サービス提供を法制化した障害者自立支援法の施行により市場開放されるに至る。そこから一気に株式会社などの営利企業やNPO法人が事業運営に乗り出し、それまでの地域資源は様々なサービス体系へと切り分けられ、報酬体系もそれに付随する形でサービスごとに設定された。しかも報酬の支払いが日払い方式とされたため、運営の様相は「いかに利用者を確保し安定経営を行うか」にシフトせざるを得なくなった。その上、法改正の度に様々な「○○加算」が追加され、その都度事務的な業務が増え、小さな事業所では対応できず運営に行き詰まるところもでてきている。

また、就継Bには年間平均工賃額（利用者に支払った給料に類するもの）に応じた公定価格設定や就労移行事業では、何人が一般就労に結びついたかなどの成果主義的なものが導入されたことで、事業所側が利用者を選定・選別する及び一部では利用者の囲い込み傾向が強まっており、利用者のニーズより安定運営のための利益追求、利益確保に傾斜せざるを得ない状況である。特に営利を目的とする株式会社や有限会社などは利益を出すことが第一義に求められることもあり、利用者獲得は至上命題となっている。

この状況は、新規参入事業者の多い都市部で顕著と言える。具体的にどの程度、営利企業が障害福祉分野に参入してきているのか。大阪府東大阪市（中核都市）を例にとってみると、市内の相談支援事業者65箇所のうち、約

54％が株式会社や有限会社、合同会社が占めており、一般社団法人も含めれば約62％が営利を目的とする会社が運営している。（東大阪市内　指定特定相談支援事業所一覧　令和4年12月1日現在）営利企業のすべてが利益追求型の運営を行っているわけではないが、社会福祉法人に比べ行政側からの定期的な監査もなく、財務に関する情報公開も義務付けられていない状況を鑑みると、どのような支援や運営がなされているか不透明な部分が多いのは確かである。

　事業所の職員の状況を見ると福祉専門職の必置基準はほとんどのサービスで無く、雇用形態も非正規であることが常態化し、低賃金労働にさらされている。この低賃金労働が人材不足を招き、事業所の厳しい運営に拍車をかけている[1]。これは私自身が理事長という経営者の立場で日々、財務状況とにらみ合いをしているからこそわかる話ではあるが、今の公定価格による報酬単価であれば、全産業比の平均値にあたる賃金を出せる職員数には限りがあり、しかも福祉専門職でなく、非専門職・非正規雇用職員で人員基準を満たせる制度であるため人件費におけるコストダウンを図りやすい状況である。また、株式会社であれば利益の中から株主配当を捻出する必要があり、もともと利幅の少ない分野でコストカットを考えれば人件費が狙い撃ちされることは必然である。

　こうしたことについて穿った見方をすれば、今の非専門職・非正規雇用で運営可能な人員配置基準は「福祉の市場化」による営利企業の参入を後押しするためのものだったのではないかと。ちなみに福祉専門職を配置した場合に加算がつくが、グループホームで1日1人の利用者に100円、就労継続支援B型事業では1日1人の利用者に150円が最大値となっている。例えば10名のグループホームで月換算3万円の収入にしかならない。また、運営管理業務を行うサービス管理責任者とて非専門職で実務経験と数日間の研修を受ければ資格を取得できてしまう状況もある。要は、福祉サービスを提供する事業所であるにもかからず、その支援実践に社会福祉の専門的理論や価値・倫理などが担保されていない、いや必要とされていないと言っても過言ではない。

福祉専門職はソーシャルワーカーなのか

　水は低きに流れ、人は易きに流れる。この言葉を今の医療・福祉分野で働くソーシャルワーカー（以下SW）に当てはめて考えると、国家資格に合格したのち就職し、所属した機関において期待される役割（規定化された業務）を果たすことが仕事の第一義化することで、本来のソーシャルワークで求められる権利擁護やクライエントの不利益に対峙する実践が疎かになり、場面によっては福祉専門職自身が、クライエントにニーズをあきらめさせることや権利侵害を引き起こしている。（本人たちは無自覚。あるいは自分たちではどうしようもないというあきらめ）

　なぜこのような事態となってしまうか。いかに制度や法律に業務を規定されようとも、支援対象者にかかわり、どのような支援プロセスを構築するかは、SWに一定程度任されているはずである。要は「自分たちの業務における自由裁量範囲」が存在しているのである。にもかかわらず、SWの支援実践が、機関機能の役割遂行化に陥るのは、自分たちが何者であり、何をなすべきか（SWとしてのアイデンティティ）について、明確なものが教育の中で芽吹くことなく現場に出てきてしまっているからだと思われる。そのことについて藤井は、学生自身の意識として「福祉制度は変えられないものであり、現場は制度に従属するだけといった感覚を抱く学生が増えている」と指摘している[2]。

　ただし、これは福祉人材の養成機関に限定化した課題ではない。日本における幼児から青年期における、全ての教育過程に共通して、自主自立した思考を育む教育がなされていないのである。事実、2018年に公表されたOECDの教育に関する調査「ＴＡＵＳ 2018」において、日本は批判的思考を促す教育が他国に比べて圧倒的に低い[3]。批判的思考を持ち合わせていなければ、いわゆる全体主義的な思考が大勢化し、制度・政策に対してだけでなく、目の前の規定された業務の役割遂行範囲を出ることなくあるいは出ることを許されない同調圧力にさらされ、個の意見が封殺されていってしまう。

　他方、業務拘束性や機関の役割遂行の高まりと福祉サービスメニューの増加、それに伴う手続きの煩雑化により、SWとクライエントの援助関係における情報の非対称性が強まり、SW側の権威性を強める状況が加速してい

Column：福祉の市場化に飲み込まれる福祉専門職　155

る。SWとクライエントの関係性は、基本的には1対1であり、その中でケースワーク（個別援助）が展開されることになっているが、SWとて機関組織の一職員であり、その機関が提案・提供する処遇プロセスのパーツを担っている人であることが前面に出る状況であれば、クライエントはその提案や提供されるものに対して、抗う術を持つことは容易ではない。例えば、病院のSWの場合、退院までの期間が決まっていれば、そのプレッシャーから退院先がクライエントのニーズや生活課題のクリアなどを満たさない所であっても提案せざるを得ない状況がある。このような業務が常態化すれば、とにかく期間内にどこでもよいから退院させるためのいわば「やっつけ仕事」のような実践となり、一方でそれが病院側からは「良い仕事」として評価される矛盾に陥る。そのことを「矛盾」と感じたSWは離職し、「矛盾と感じない・感じなくなった」SWは、病院経営の歯車の一部に吸収されてしまっている。ただし、このことは今に始まったことではなく、昔からあったことだ。それが近年、SWの国家資格化に始まり、福祉サービスの市場化・経営の効率化・機関の人員基準や公的報酬への規定化など国と資本側からの圧力が、その矛盾をじわじわと高めてきたのである。

それでもソーシャルワークに希望を見出す

　筆者の運営する事業所には、様々な困難を抱えた方々がいる。障害を持ちながら犯罪を起こし、刑務所や医療少年院を出所した方・読み書きの困難な在日韓国人の方、ネグレクトにより児童養護施設に入所し18歳で退所された方、30年あまり精神科病院に社会的入院を強いられ退院した方。こうした方々の就労支援・生活支援・居住支援などを展開するには、SWの存在とソーシャルワーク実践が不可欠である。ただし、こうした一般的に言われる社会的弱者だけが、ソーシャルワークの対象ではない。コロナ禍であぶり出された市民生活の窮状ぶりは、この社会に生きる市民の生活保障制度の脆弱さを露見させることとなった。今まで「福祉の対象者」から外されてきた生活困窮者・ホームレス・シングルマザーやシングルファーザー、不登校の児童といった方々に対してもソーシャルワークが必要とされる時代になっている。

2021年度、当法人と一般社団法人シンママ大阪応援団（シングルマザー世帯の支援団体）とで、WAM（福祉医療機構）の助成金を活用し、コロナウィルスの影響で経済的に苦しい状況に置かれた障害者とシングルマザー世帯を同時に支援する取り組みを事業化して実施した。

　具体的には、コロナの影響で経済的に困窮したシングルマザー世帯が、生活費を削って子どものおやつや誕生日、クリスマスなどのお祝いのケーキなどをあきらめている実情に対し、同じくコロナで売り上げが減少し工賃も減少していた品質の高い焼き菓子を製造販売している障害福祉事業所に助成金で焼き菓子ギフトを作成してもらい、シングルマザー世帯に無料配布する取り組みである。この取り組みには、大阪府内の12の障害福祉事業所が参加し、私と親交があり東日本大震災で被災した宮城県の女川町にある事業所も加わった。この取り組みでは、障害福祉事業所が運営する事業の枠を超えて、他団体や他の事業所とコラボし、3つの効果を生み出すことができた。1. 障害者の工賃確保、2. シングルマザー世帯の支援、3. 子どもたちが日常で楽しみにするお菓子が食べられないという体験喪失をフォローしたこと。これは、私たちが既存の事業運営に囚われず、コロナ禍で顕在化したソーシャルタスクと目の前の利用者の困難を自分たちの強みを生かしたアイディアを元に支援できた実践であった[4]。

　私たちSWは、社会に存在するソーシャルタスクと目の前にいるクライエントの困難について即応的に反応し、個人及び団体のネットワーキングと社会資源の活用により、様々なチャレンジを行い、解決や回復、支援ができる専門職である。ただし、「○○ができるスペシャリスト」という専門職ではない。目の前にいる生きづらさを抱える人々にかかわり、その人々と共にあるいは時に代弁者となって、その生きづらさの解決のための具体的ツールを創造し、そこからさらにマクロレベルで政策変更や新たな提案を行っていくことを業とする者である。この社会には、自らで生きづらさを解決することが難しい人が一定数存在し、その数は貧困や格差の広まりと相まって年々増えてきている。そのことと比例して、SWの重要性やSWの実践のあり方のアップグレードも高まっているとも言える。

おわりに

　日本におけるソーシャルワーク資格である社会福祉士・精神保健福祉士の受験者数は年々減少傾向にあり、養成校の閉鎖も散見される。他方、SWの支援対象となる人々が抱える生活課題や生きづらさは複雑化、多面化してきている。こうしたなか、福祉の市場化や福祉サービスの委託化が進み、その影響から支援者の非専門職化・安上がり人材化も同時に進んでいる。これでは学生の目から見て、魅力的な職業・職場とは映らないであろう。そんな現状で、福祉サービスメニューが増えたとしても、そのサービスそのものである人材の質量が確保できない状況では本末転倒である。このことを解決するための即効性のある方法を私は持ち合わせていない。ただし、一つの手段として日本におけるSWの資格である社会福祉士・精神保健福祉士を統合し、統一資格を創設することとともに4つに分かれている職能団体も統合結合し、社会的な評価の向上や政治的な力を持つことで、SWそのものの社会的認知と社会的評価を向上させ、労働条件や労働環境を改善することで人材の確保につながると信じている[5]。またSWの社会的評価が上がれば、国や自治体への制度政策変更や是正要求も実現味を帯びてくると考える。逆に現状に甘んじる状況が続けば、一部の必置規定及び専門職採用を伴う機関以外での福祉分野から福祉専門職は、徐々に退場させられていくことだろう。そしてなにより、福祉教育を受けていない非専門職による支援を選ばざるを得ないクライエントの不利益は、ますます大きくなっていくと考えられる。

【参考文献】

1)　独立行政法人福祉医療機構（2021）「障害福祉サービス事業所等の人材確保に関する調査について　2020年度」

2)　藤井渉（2022）「戦争と福祉」福祉労働173号、現代書館

3)　「OECD国際教員指導環境調査（TALIS）報告書」（2018）

4)　「福祉新聞」（2021年10月7日）

5)　柏木一恵他（2019）『ソーシャルワーカー──「身近」を改革する人たち』ちくま新書

第7章

福祉労働者がソーシャルワーカーになるために

志賀信夫

1　問題提起

　本章では、現代の日本において、ソーシャルワーク[1]の実践者であること
を期待されている福祉労働者が「ソーシャルワーカー」になることが可能とな
る諸条件について理論的に検討していきたい[2]。理論的検討については、「資
本—賃労働関係」の視点をとりいれながらすすめていく。「資本—賃労働関係」
とは、資本主義社会における一種の「階級関係[3]」のことを指している。
　福祉労働者の労働を「階級」から理解することを試みた先行研究は、例えば
真田（2012）によるものなどがある。真田は次のように述べている。「社会福
祉を階級支配の一つの政策としてとらえることは一定の積極的意味をもってい
た。それは、社会福祉を底抜けに美化しておいて社会福祉の名で勤労者に物心
両面の犠牲を強い、社会福祉への献身を媒介にして実は支配階級への献身・忠
順を引き出すというこれまでの社会福祉の使われ方を暴露したことにあった」
（真田 2012：10）。
　真田が論じているように、社会福祉を「階級支配の一つの政策」として理解
すること、及び社会福祉事業に従事する福祉労働者の献身的労働を支配階級に
よる支配の徹底のための「媒介」として理解することは、確かに積極的な意味
がある。それは現在の社会福祉理論においても依然として変わっていない。
　反対に、社会福祉事業や福祉労働を階級の視点を含んで理解するのではな
く、階層の視点に終始して理解しようとすることで生じるのは、社会福祉及び
福祉労働を階層移動のための手段としてのみ捉える傾向の助長である。この場
合、社会福祉理論の深まりは、階層移動手段のための技術論的彫琢としての意

159

味しかもつことができなくなってしまう可能性がある。実際、社会福祉本質論争において、階級論から距離をとる理論は基本的に「技術論」に終始しがちであった。階層移動を達成するための技術論に終始することによって、差別や差別による社会的不利及び生活問題を生み出す根本原因である社会構造へのアプローチよりも、人間の多様性と反するような一義的な人間本質規定への傾向や道徳重視などのアプローチと親和性をもってしまうこともあった。詳細は後述するが、階級論なき階層論は、その議論や具体的な実践の過程で、真田が指摘するような「社会福祉を底抜けに美化」するという事態も必然的なものとして生じさせてしまうところがある。こうした理論が採用する論理構造は、社会の構造ではなく人間の行動に注目するあまり、どんな人間にでも無条件に保障すべきものであるとされる「権利」の理解とは折り合わない部分があり、むしろ施与と相性が良いものとなってしまう傾向がある。

本章では、冒頭に述べたように、福祉労働者の労働が「ソーシャルワーク」を実践できるようになるための諸条件について議論を試みる。この理論的試みのためには、いま現在、福祉労働者が必ずしも「ソーシャルワーク」を実践できていない理由についての分析から始める必要がある。

2 賃労働者としての福祉労働者

福祉労働者は、「賃労働者」と「福祉の実践者」という2つの側面がある。

福祉労働者は、どこかの機関や施設に雇用されている場合が一般的であり、賃労働者として、その雇主の期待に沿うように働くことが求められる。一方で、福祉の実践者としては、ソーシャルワークの定義にもあるように、社会正義を追求し、社会変革の担い手となること、さらに社会変革や社会的結束を通して、社会的に不利を余儀なくされているパワーレスな人びとに対するエンパワメントを促進していくことが期待されている。

賃労働者としての労働内容と福祉の実践者としての理念は一致する場合もあるし、そうでない場合もあるが、資本主義体制において社会福祉が市場化しつつあるなかでは、自覚的な「連帯」による自らの権利擁護がなければその一致

をみることは難しい。

　賃金労働者としての福祉労働の内容は、その雇主が要求する労働内容を実践していくのであるが、雇主が期待する労働内容は、法律や通達等によってある程度規定されている。つまり、社会制度によって、①福祉労働者の労働力の商品化の程度、②福祉サービスの商品化の程度、これらの各々がどのような状態におかれているかによって、その労働内容が規定される部分があるということである。そうであるから、福祉労働者がおかれている現状や潜在的な可能性について説明しようとするならば、社会福祉の市場化および商品化の程度にそくして検討していく必要がある。

　現在、日本の社会福祉はそのすべてが市場化・商品化されているわけではないが、一進一退の攻防を繰り返しながら、市場化・商品化の傾向を強めてきている。こうしたなかで「効率化」「生産性」などのことばが登場し、それに福祉労働者は振り回されている側面がある。

　「効率化」「生産性」の考え方が福祉に導入されると、福祉労働者は雇用主から賃金労働者として期待される労働内容をこなすことに精一杯となってしまい、社会変革などといった社会構造にアプローチするというソーシャルワークからさらに遠ざかってしまう。それだけでなく、福祉の対象者として想定される人びとについても、福祉労働による効率性と生産性の向上に貢献するであろうと想定されるような「資本主義的人間」により近い人間になることを福祉が要求する可能性がある。あるいはそこに支援や援助の最終目標が設定されるという可能性もある。逆に、資本主義的な人間から乖離した人間は、福祉によって「支援困難事例」や「不適合者」などのレッテル貼りがなされてしまうかもしれない。「支援困難事例」や「不適合者」のような人びとは、効率性と生産性を阻害する人間として、社会福祉から排除されるか非人格的な管理の対象となるかもしれない。そしてこれらのことは、「可能性」の問題というよりも実際に顕在化している問題である。

第 7 章　福祉労働者がソーシャルワーカーになるために　　161

3 福祉の市場化・商品化

　福祉・医療分野において、市場原理が導入されてしまうと「効率化」「生産性」が求められるようになってしまう[4]。

　ここで「効率化」および関係概念について、若干の説明をしておきたい。

　まず、「効果／効率（effectiveness ／ efficiency）」についてである。「効果と効率は、公平性などとならぶ政策もしこは援助実践の評価基準である。効果とは、政策・援助実践の目標として設定されたニーズ充足や問題解決が実現した程度を意味し、効率とは、費用と効果の関係（費用対効果）を意味する」（秋元ら2003：110）。このとき、何をもって「費用」に対する「効果」があったのかということが問題になる。ここにあるように、「ニーズ充足や問題解決が実現した程度」がそれにあたるが、医療・福祉が市場化することによって、この「効果／効率」が専ら「貨幣」によって測られるようになってしまう。つまり、政策評価として「費用－便益分析」が中心軸に据えられることになってしまうのである。

　「費用－便益分析」とは、次のように説明される。「特定の事業（プログラム）を実施するために要した費用（要すると予想される費用）と、貨幣単位で測定されたその事業の効果（予想される効果）を関連付けて分析することにより、効率性という基準に基づいてその事業を分析、評価するという手法をさす」（秋元ら 2003：368）。

　福祉・医療が市場化するとき、なぜ「貨幣」が「効果／効率」の中心軸となってしまうのだろうか。それは、文字通り、市場が利潤追求の場とならざるを得ないからという理由もあるが、より正確にいえば、市場化によって福祉事業経営継続のための資金を当該事業経営者らが調達せねばならないという状況を余儀なくされるからである。これは、福祉事業経営者が望むか望まざるかは関係なく、経営者を資本の人格的担い手に変えていくという意味がある。

　福祉の市場化は社会保障予算の抑制とセットになることがほとんどだが、これは多くの場合、公的責任の後退を意味し、その結果、福祉事業経営者は事業

コストを削減するという必要に迫られる。福祉事業経営者による事業コストの切り下げについて、ここでとりあげたいのは次の3つの方法である。①人件費の抑制・削減、②労働時間の延長、③労働の高密度化、である[5]。これらの①〜③は相互に関連している。

①は、人員を設置基準の最低数まで減らすということがあるだろう。しかし、人員の削減には限界があるため、②が試みられことになる。ここで限られた人員で非常に多くの業務をこなすことが労働者たちに要求されるようになる。経営者には労働者に対するサービス残業の期待も生じるだろう。この労働者に対するサービス残業の期待は、事業主によって強権的に実施されることもあるが、労働者の善意に訴えられることも多い。ここに「社会福祉を底抜けに美化」する必然的根拠の1つが生じる。

①②と同時に③も試みられることになる。③を効率よく実施するための方法の1つは、労働過程を細断し、労働を単純作業化し、高密度化するというものがある[6]。

福祉・医療分野において、労働過程を細断するというのは一体どういうことか。

それは、労働の対象である人間を細断し抽象化するということが含まれている。では、人間を細断し抽象化するとはどういうことか。簡潔にいえば、対象である人間が持つ諸要求（ニーズ）をとり出し、それらの諸要求に対する対応を全面化させていくということである。人間を全人格的な存在としてみるのではなく、抽象化された部分人間として理解し、対応していくのである。

非常にわかりやすいのは食事介助の事例である。人間は食べなければ生きていくことはできないが、食事介助が必要な人のニーズに対する効率的な作業対応は、この人を一人の人格としてみるのではなく、抽象的胃袋として理解し、この抽象化された胃袋を満足させるようなありかた・対応である。多くの利用者の食事介助を限られた人員のなかで行うためには、効率化が要請され、この効率化の要請によって福祉労働が作業化し、労働の作業化の過程でサービス利用者は部分人間として抽象化されるのである。

かくして、「食事をする人間」は「抽象的胃袋」に、「排泄をする人間」は「抽象的排泄器官」に、「貧困を強制された人間」は「抽象的低所得部分」「抽象的

求職部分」となっていくのである。「効率化」「生産性」を要求される福祉労働者は、このような抽象化された「器官」や「部分」に対応する単純作業の従事者となってしまう傾向があるのである。

（1）技術と専門性

前節で論じたような「効率化」による「生産性」の向上を期待される福祉労働は、ある「専門性」部分を重視するようになるが、その一方で他のある部分の「専門性」部分を軽視するようになったり、必要を感じないようになったりしてしまう。あるいは後者を重視する余裕を時間的にも精神的にも奪われてしまう。

上述した専門性のうち、前者にあたるものは「技術」である。後者にあたるものは「ソーシャルワークの価値（社会変革、社会正義、多様性の尊重など）」である。

「専門性」の意味が限定的になることで生じる弊害はいくつかあり、本章注釈6にもダスティンの整理を引用したが、ここで特に強調しておきたいのは「技術」に偏重した教育が行われるようになること、賃金向上のために必要な「専門性」向上の議論の狭隘化についてある。この技術論への偏重と専門性向上の議論の狭隘化は、「社会福祉士」「精神保健福祉士」「介護福祉士」などの専門資格分化とさらなる資格創設の試みに向けた議論と直接的に関係している。専門資格分化は、対象の細断化にともなう「技術」のマニュアル化と軌を一にするものであるとみることもできるかもしれない[7]。

ますますの作業内分業化（労働過程の細断化）を促進することや、ICTやIoT、AIなどの導入を推進することで前述した諸問題（①人件費の抑制・削減、②労働時間の延長、③労働密度の増加）をのりこえようとする取り組みもある。確かに、そうすることで短期的には福祉労働者の労働に若干の余裕を生み出すことに成功している事例もある。しかし、中・長期的にみて、それだけでは①〜③の根本的な解決策にはなりえないことが予想される。本章で何度か引用しているダスティンによれば、イギリスにおいては、テクノロジーの進歩は労働者の集中管理に利用されていることが指摘されている（ダスティン 2023：59）。つまりそれは、人間の幸福追求のための諸手段の一つではなく、人間を

管理するための諸手段の一つとなっているということである。

　ここで福祉労働に起きていることは、福祉以外の労働の現場においてICT、IoT、AIなどの導入を推進する際に起きている議論と同じ内容が含まれている。例えば、業務の一部や多くの部分を機械やAIに代替させることで業務の簡素化や削減が推進される部分はあるかもしれないが、そのほかの「残った労働」に最小限の人数で対応することが新たに求められるのである。今野はこれを簡潔に「労働は減るが、長時間労働は減らない」と表現し、さらに「残った労働」に人びとが殺到することで、ブラック企業の人材「使い潰し」経営に拍車をかける可能性があるとも述べている（今野 2019：17-18）。「残った労働」に人びとが殺到するのは、労働が単純作業化（熟練の解体）されていることにもその原因の1つがある。

（2）効果測定・数値化による「部分人間」の抽象化

　福祉労働の単純作業化（マクドナルド化）は、労働の成果を数値化して評価することも大抵の場合伴っている。資本主義体制において要請される効率性と生産性の向上は、数値化し可視化されて初めて効果測定が可能になると資本の人格的な担い手たちは信じている。そしてこの数値化による効果測定は多くの場合、貨幣換算に応用されることになる。この貨幣換算された成果が、福祉施設（機関）における最初に投入した貨幣額によって得られた売上額となる。売上額は、福祉施設経営者にとっては多い方がよい。当然である。なぜなら、その売上額をもとにして経営維持を図り、事業を再展開させていくことになるからである。ただし、売上額は常に安定したものであるわけではない。売上額が想定よりも多い場合もあるし少ない場合もあるだろう。

　資本の人格的な担い手である人物にとっては、売上額が想定よりも少ない場合をもとにしてリスクマネジメントの実施計画を練ることのほうがより合理的な経営戦略である。つまり、売上額が想定よりも少ない場合に備えて、人件費を抑制しつつ、売上額を最大化しようとするのである。それだけでなく、業務のさらなる効率化と人件費の抑制へのインセンティブがはたらくことになる。

　数値によって効果測定がなされるとき、必ずしもそれが直接的に貨幣換算されない場合でも、人間に対峙する福祉労働の1つひとつは、その対峙する相手

の全人性をみるのではなく、その存在の一部を抽象して対応するほうが効果的であるという判断がなされやすくなってしまう。例えば、人格に向き合いながら食事介助をするよりも、抽象的な胃袋を満足させる対応を行う方が、同じ「1」という「対応数」「件数」をかせぐために割く労働力の量もより少なくて済むのである。こうした人間器官の抽象化によって、その対応に割かれる労働時間は短くすることがより容易になるし、同じ労働時間を割いていたとしても、作業の単純化が可能になる。

この「1」のために、人格化した資本は、雇い入れた労働者らに対していくつかの期待を差し向ける必然性を常にもつようになる。代表的なものを3つ以下に示しておこう。

①より短時間でそれを達成すること
②より長時間・長期間にわたってそのペースを維持すること（少なくともペースを落とさないこと）
③事故がなく、利用者の不満も出ないような対応を維持すること

これらの3つを並行して達成し続けるためには、「ソーシャルワークの価値」ではなく「技術」使用にかかわる要領のよさが福祉労働者に要請される条件となる。しかし、次節で述べるように、これらを並行して達成し続けることは極めて困難であり、福祉サービスの質の低下、利用者負担の増加、福祉労働者の疲弊等々のネガティブな現実を生み出している[8]。

福祉労働者が、上記の3つを安定的に達成し続けるためには、業務のマニュアル化（マクドナルド化！）が必須であり、ICTやIoTなどのテクノロジー利用はそれに欠かせないツールなのである。

（3）福祉労働における物象化──相対する「部分労働者」と「部分人間」

「効率化」「生産性」の向上を企図した技術導入が福祉労働になされることによって効果測定の数値化が一層促進され、「ソーシャルワークの価値」はますます福祉労働から排除されていくことになる。福祉労働は「マクドナルド化」し、さらなる業務効率化のための技術の高まりに固執する可能性が高まってい

く。そしてそれは実際に起きている。

　このとき、福祉労働者の労働力の価値は下落する可能性を大いに持っている。単純作業化された労働（すなわち、熟練労働の解体）は、誰にでも代替可能な労働に近づいていくからである。そうなっていくことで、雇用をめぐる労働者相互の競争が次第に激化していく。すでに雇用に従事している労働者も、自分の代わりはたくさんいるので、「もっと働かねば」、という強迫観念にとりつかれていく。この強迫観念にとりつかれた被雇用者は、労働条件の切り下げを容認せざるを得ないほど資本に従順になり、身を守るために、ときには資本の手先にすらなりうる。つまり、資本に従順でない者に対して、資本の代理闘争を仕掛けていくのである。それがその者にとっての短期的生存戦略となるからである。ただし、福祉労働はそもそもはじめから相対的に低賃金であったことには注意を払っておく必要がある[9]。

　「ソーシャルワークの価値」をすでに置き去りにしつつあり、なおかつ共同が困難な孤立した労働を余儀なくされつつあるなかで、福祉労働者には連帯の余地はほとんど残されていないし、そもそも連帯の意義すらも見出す余裕はないかもしれない。そのような状況を強いられるなかで、福祉労働者に対して、「連帯が必要である」という掛け声やスローガンだけでは何も起こらないし、何も生じない。むしろ、福祉労働者からの反感を買うだけである。もちろん、福祉労働者ら自身が「連帯」の必要に迫られていることを自認し、自発的にそれを試みようとする場合は別である。

　福祉労働者が支援・援助技術を含む福祉の専門性を高めていくこと、これは、福祉労働者がその労働の目的的労働性を取り戻していくことで可能となる。そこには高度な知識、経験知、技術が相互連関に基づくかたちで要請されるからである。目的的労働性を喪失したままで「単純作業」に終始する福祉労働は、形式的な専門性を付与されたとしても、皮肉なことにその労働内容がますます矮小化・陳腐化されていってしまうことになるだろう。

第7章　福祉労働者がソーシャルワーカーになるために　167

それでは、福祉労働者がソーシャルワークを実践できるようになるためにはどのような方策が考えられるだろうか。次にこれを議論していきたい。筆者の主張は福祉の市場化をやめるというものである。では福祉の市場化をやめるとするならば、代替的な方策とはどのようなものなのだろうか。「国有化」に戻るということなのだろうか。あるいは「準市場化」を徹底していくということなのだろうか。

4　福祉労働者がソーシャルワーカーになるために

（1）国有化

　福祉の市場化とは、福祉サービスを商品化するということに他ならない。福祉サービスは完全に市場化しなくても、一部市場化すれば商品化傾向が促進されてしまう。福祉サービスに限らず、すべての商品は、貨幣がなければどんなに必要とされるものであっても購入できない（つまり、アクセスできない）。したがって、市場化が推進されつつある社会において、経済的困窮と福祉サービスからの排除は基本的にセットである。

　また、市場化が推し進められている社会において、商品の生産を指揮する人格（つまり経営者）にとって、その主たる目的は、人びとにとって必要なモノを生産しそれを普遍的に届けるということではないという事実にも注意を払っておく必要があるだろう。資本の人格的担い手からみて最も重要なのは、人びとの生活にとって「必要なもの」の生産ではなく、「売れるもの」の生産である。

　福祉サービスは人びとが必要とし、なおかつ一定数は売れる商品である。しかし、必ずしも利潤を豊富に得られる商品とはなっていない。というのも、一商品あたりの利潤を上げるためには人工的希少性の創出[10]が必要であるが、福祉サービスは、そのようなものとしてはならないという一定の社会的合意が少なからずあるからである。

　だからこそ福祉事業の経営者は、福祉サービスの希少性の創出に振り切ることができず、低い利潤率でなんとかやりくりせざるを得なくなるという事情がうまれるのである。それは、本書におけるコラム②（鶴：152頁）からもみて

とれる。こうした事情のなかで、福祉事業の経営者は福祉サービスの質の低下を容認せざるを得なかったり、福祉労働者の善意や熱意に依存した経営になってしまう傾向をもってしまうことになる。加えて、福祉労働者の善意や熱意への依存を正当化するために、福祉を美化するなどの苦し紛れの方策が採用されている。

　では、「効率化」や「生産性」の罠を回避するために、福祉はすべて「国営」にすべきなのだろうか。結論からいえば、「国営」は主たる解決方法ではないと筆者は考えている。というのも、そもそも国家は「資本—賃労働関係」や階級から中立的な立場を堅持するものではないからである。現代の日本をみれば理解できるように、国家が資本を従属させているのではなく、国家が資本に従属させられている状況がある。資本に従属させられている国家において、「国営」による福祉が安定的に機能すると考えるのは楽観的に過ぎる。もちろん、当面は福祉を公的責任において充実させ実施していくということの必要性について、筆者は異論があるわけではない。ただし、国家が資本に従属している場合にありがちな経済成長主義に基づく社会保障・社会福祉の充実（従来通りの福祉国家の充実）という議論パターンは再考すべきであることは強調しておきたい[11]。

　ここで何よりも重要な問題は、仮に福祉・医療のすべてが「国営」となったとしても、人びとをパワーレスな状態に追い込む社会構造それ自体は依然として手つかずのままであるということである。国家が資本に従属している状況における国家事業としての福祉・医療は、「産業秩序の維持」へ貢献する限りで許容されるにすぎない可能性が高い。そして福祉労働者はこうした国家事業への従事が期待されるようになるのである。ここでは、あいかわらず「ソーシャルワーク」の放棄が継続している可能性が高い。もちろん、そうはいっても福祉の市場化傾向の場合よりもかなりマシな状況にはなると推測される。

　「国営」に対する批判は、国家による福祉制度・政策の再編成とその責任の引受だけで生活問題全般が根絶できるという考え方に対する異議であり、筆者はこれを「制度主義」であるとして批判している。制度主義のまずいところは、生活問題を生じさせる主たる原因の1つである「資本—賃労働関係」それ自体に手を付けず、むしろそれを温存したままで、生じた現象（生活問題）への事

後的対応に終始してしまうという点である。それは現象の本質ではなく現象それ自体へのアプローチに終始するということに他ならない。

　ただし、先ほど言及したように、福祉・医療を公的責任において充実させていくということについて、筆者は否定しているわけではない。しかし、公的責任を問うていくということは、福祉の国家化の要求を最終目的とするわけでは必ずしもない。後述するが、「自治」が目指されるべきであると筆者は考えている。

（2）準市場化

　近年、福祉の準市場化[12]の議論が活発化してきている。

　準市場とは、「従来の社会民主主義が、福祉国家の受給者を受け身の存在にしてしまったことを批判し、受給者の選択権を広げ発言権を高めることで福祉国家を発展させようとする考え方」（宮本 2021：58-159）である。福祉の準市場化については、サービス供給者としてさまざまな立場の者（営利企業、NPO等）が参入し、参入者相互に競争が生じることで公益性の向上に寄与し、利用者に提供する福祉サービスの質の向上が期待できると考えられている。利用者と事業者は相互に契約を交わし、利用者は自分自身のニーズに適合的なサービスの選択が可能となる。このための費用負担は以下に示すように、いくつかのパターンが考えられる。

　宮本は次のように主張している。「福祉はより分権的で多元的でなければならない。なぜならば、人びとが元気になるためには、当事者の意向も反映させながら、多様なサービスの、様々な組み合わせが提供される必要があるからである」（宮本 2021：160）。宮本は、福祉を充実させるために分権化と多元化が重視する立場を「分権多元型」の福祉と呼び、これを支持している。一方、宮本は支持していないが、「政府の費用負担より自己負担の割合を増やし、ニーズ判定の枠外の契約を増やすなどで、準市場を市場に接近させること」を志向するような立場を「市場志向型」、家族によるケアを評価し現金を給付すべきであるという立場について「家族主義型」と類型化している。

　宮本による準市場の諸類型について、論点整理が必要である。まず、宮本が類型化した「市場志向型」「家族主義型」を支持する者は、露骨な新自由主義

者であって、そう多くないだろうと思われるし、人びとの合意と支持を取り付けるのは困難である。その一方で、宮本も重視している「分権多元型」は一見すると非常に魅力的なアイデアにみえる。

「分権多元型」は、市場原理を媒介にした地域福祉の重視である。これによって公益性やサービスの質が向上するという理解は誤りであると筆者は考えている。市場原理を媒介にして生じる競争は、限られた予算のなかで効率的に利潤を追求すること、あるいは極端なかたちで利潤を追求しないとしても効率的な対応（または施設運営）を実施することを福祉の現場に要請していく。福祉サービスを必要とする人びとを前にして、福祉労働者はあきらめて割り切った対応をしていくか、サービスの質を低下させないようにするための途方もない努力を重ねていくかを迫られる。いうまでもなく、ここでもっとも重荷を背負わされるのは福祉労働者である。いくら「分権化」し多様な事業者が福祉事業に参入したとしても、この競争状態と弊害は緩和しない。

これに関連していうならば、準市場化の主張の根本的な誤りは、福祉事業の「共同」を「競争」に置き換えるなかで生じるであろう弊害を看過していることである。そしてこの弊害を被るのは利用者である。市場原理が一部に採用され、共同が競争に置き換えられてしまうなかで、福祉サービスの供給者側と利用者側とのあいだの社会関係の「物象化」が生じていることも指摘しておかねばならない[13]。

（3）「自治」——職場や労働市場における福祉労働者の自律

競争の対義語は、共同や連帯である。福祉サービスの供給者側に必要なものは、競争の助長ではなく、共同あるいは連帯の構築である。部分的であるにせよ、社会福祉に競争が導入されたことで、福祉サービス供給者側は分断にさらされアトム化していく。

福祉サービスの供給者側の競争による分断化とそれに伴うアトム化は、利用者側とのあいだの関係をますます物象化させていく。なぜならば、供給者側は、相互の競争によって「必要なもの」よりも「売れそうなもの」をすくい取ろうとする傾向性にますますとらわれてしまうからである。事業者相互の共同によって、どのようなサービスをどの程度供給すべきかという民主的な話し合

第7章　福祉労働者がソーシャルワーカーになるために　171

いはもたれず、各々の事業は極めて私的に展開されていく。このような状況においては、人びとにとってどんなに「必要なもの」であったとしても、貨幣獲得可能性の低い事業内容は劣後されてしまうかもしれない。

　このとき、利用者側は貨幣があれば福祉サービスにアクセスできるが、そうでなければ当該サービスへのアクセスが阻害されてしまう。大量貨幣所有者の貨幣が供給者側の事業展開を規定し始めてしまうという懸念もある。この懸念の原因は、福祉労働者が行うアドボカシーが、社会福祉の商品化および市場化に伴って促進される物象化という関係構造のなかでなされるという事情にある。

　貨幣の大量所有者は、貨幣を所有していない人びととあえて共同する必要はないし、その動機も基本的にない。貨幣の大量所有者にとっては、わざわざ要求しなくても、多様なサービス供給者が群がるからである。先に言及した準市場においては、一定の消費力を利用者側につけることでこの問題を乗り越えることが目指されているが、その試みは失敗に終わる可能性が高い。利用者個人の消費力が多少向上したとしても、福祉サービスの供給者側は貨幣獲得可能性が最も高くなるであろう商品提供を企図するからである。供給者側は、より多くの人びとのニーズに対応する動機をもつことになるものの、少数者がもつニーズへの対応は貨幣獲得可能性が低いことから忌避することになるだろう。

　準市場化は市場化と同じように物象化を助長することにもなる。物象化が助長されれば、福祉サービスから排除されるだけでなく、福祉労働はますます非人間化していくが、福祉労働の非人間化は利用者を非人間化された抽象物として取り扱うことを含んでいる。

　上述した問題と物象化をのりこえるためには、「競争」ではなく「共同」が基本原理とならなければならない。つまり、共同的に「何が必要か」を話し合うということから始めなければならないし、そのための基本的条件の整備に向けた意識的な取り組みが要請されるだろう。別言するならば、競争によって各事業者が私的に福祉事業を展開するのではなく、共同によって公的[14]に事業展開するということである。この「何が必要か」を話し合う過程では、当然ながら、福祉労働者と利用者とのあいだの話し合いも要請されてくるだろう。国営事業のように、一方的にニーズを断定することによるパターナリズムは回避

される。

　人びとが共同的に福祉事業を展開するという試みの過程で、国営化によるパターナリズムや、市場化に伴う競争によって物象化していた関係に変化がおとずれるかもしれない。こうした共同性に基づく事業運営・管理のあり方は公助の後退を伴う自助や互助の促進ではなく、はじめは国家による最終責任のもとになされるべきものかもしれない。しかし、これは政治的エリートや官僚が専門的知見をもって管理・運営していく形態とは異なるものである。ここで提案するあり方は、市場や準市場、国営のいずれでもなく「自治」と呼ぶべきものである。

　当然のことだが、この「自治」は福祉労働者による福祉労働の現場全体の全面的掌握という状況をイメージするであろうが、完全にそのような状況になるためにはいくつかの段階を踏んでいく必要があり、一足飛びにそれが実現するわけではない。「自治」に至るまでに、福祉労働者らによる自律の程度（資本や福祉予算削減に対する交渉力）を徐々に高めていく必要があるだろう。これは、福祉労働者が資本に従属するのではなく、自己決定（自律）できるようになるということである。福祉労働者は人びとの自己決定を可能とするための諸条件を整備することがその職務上の本来の業務であるが、自分自身の自己決定のための諸条件を整備していくことも同時に必要なのである。

　「自治」が目指されるなかで福祉労働者は必然的に「技術」だけでなく、「ソーシャルワークの価値」が問われることになるだろう。なぜならば、福祉労働者は単純化された作業従事からの解放が目指され（つまり、物象化された関係から解放され）、人間の人格と向き合うことになるからである。この場合の「技術」の行使は、人格とどのように向き合うのかという「ソーシャルワークの価値」をめぐる裏付けを要求されるようになる。

5　予想される批判に対して

　ここまで、市場化・商品化、競争による物象化等について分析することで、福祉労働者が主体性を取り戻し社会変革への可能性をその手にするための条件

について検討してきた。

　本稿でおこなってきた主張に対しては、当然だが、いくつかの批判が予想される。本節では具体的に2つの予想される疑義について回答を試みたい。

　第1に、「自治」を確立するための取り組み（社会運動）の先頭に誰が立つのか、という疑問があるだろう。確かに、「自治」を実現させるにはいくつかの越えなければならない課題がある。なかでも、ここでいうところの「誰が」という主体の問題は非常に重要である。

　この主体の中心となるのは市民とソーシャルワーカーの共同であると筆者は主張したい。福祉労働者にはこれを目指していく潜在的な動機が存在しているといえる。実際に、多くの福祉労働者らはすでに従来の福祉実践が直面する矛盾や深刻な問題について気付いており、改善が必要であると考えている[15]。必要であると認識されている福祉にかかわる諸問題の改善は生活者の利益にもつながるものである。ただし、社会福祉が市場化し、福祉労働者の労働に対する資本の影響力が増長すれば、社会福祉にかかわる諸問題の改善に向けた共同的な取り組みは困難化していく。

　そうであるにもかかわらず、これまで、福祉労働者らの労働者性に着目する研究が少なく、福祉労働者らの労働問題の解決を通して福祉実践が直面する矛盾や深刻な問題の解決へと導かれていくことの学術的説明が不十分であった[16]。問題の本質が十分に言語化されていない場合、具体性を伴った解決のための戦略的アプローチの形成は非常にハードルが高いものとなってしまう。福祉労働者らの労働問題の解決が福祉実践のための環境改善につながることが理論的に説明されることで、福祉の実践者としての連携だけでなく、労働者として結合（連帯）し、自らの職場環境や労働条件の改善を目標とするなかで労働者自身による労働の場における自律の可能性が顕在化してくるかもしれないのである。自律の要求は、労働者らの自己決定の余地を拡大することでもあるが、こうした要求は個人で行うのではなく、労働者らが共同的に行うべきものである。その結果、福祉労働および福祉の「自治」につながっていく。

　第2に、「自治」の具体的な姿、細部の設計が不明確であり、これを明確化できないならばその主張は有効性をもたないのだという疑義も予想される。この疑義に対し、自治をめぐる現段階の提案にはあえて不完全性を残すべきであ

ると筆者は主張したい。というのも、自治が可能となる範囲やどのような形態でこれを実施するかについては、そこにかかわる人びとが民主的な過程を経て決めていくべきものだからである。あらかじめあるべき形態を提示することは民主主義の否定につながる可能性がある。

　もちろん、人びとが自治に関する具体的なかたちや内容について、民主的過程を経て決めていくとき、すぐにすべてがうまくいくとは限らず、多くの試行錯誤が必要となるだろう。だが、試行錯誤の積み重ねは失敗を意味するわけではない。

6　自由・平等・所有そしてベンサム

　本章では、福祉労働者がソーシャルワーカーとしてその職務を全うできない現状について分析し、そこから「自治」というアイデアを提示した。本書でコラム②（鶴）において指摘されているように、いま現在、福祉労働者であることをもってソーシャルワーカーであると断定することができないような状況が生じてきている。この状況の原因は、決して福祉労働者の怠慢にあるのではない。その原因は、ある種の社会構造にあった。福祉・医療を市場化・商品化する傾向性によって必然的に生み出される結果の1つが、福祉労働を陳腐化させ単純作業化させる「マクドナルド化」であり、福祉労働者と利用者を物象化された関係に閉じ込めるという事態であった。物象化された関係において、利用者は全人格的な対象とはみなされなくなり、抽象化された器官・機能として取り扱われてしまうようになる。このような状況において、福祉労働者は、ソーシャルワークの価値や倫理よりも、抽象化された器官・機能を効率的に満足させる「技術」に執着せざるを得ない可能性が高くなる。

　この閉塞的状況をのりこえるために必要なのは、福祉・医療のさらなる市場化・商品化ではない。準市場化でもない。準市場は、従来の「措置」によるパターナリズムを克服し、「契約」という消費者による自由意思の尊重に可能性をひらくものであると期待する者もいるが、そうはならないだろう。本稿では宮本（2021）を批判的に検討したが、貞包（2023）による準市場＋ベーシック

インカムの強調も、消費者の自由意思の尊重とみられるものが選択の幅を拡大するという論理構成に基づくものとなっている。しかしそれは、福祉サービスのメニュー表にあるもののなかから選択できるというだけの「選択の幅」のことを言っているにすぎないのであって、そこないものはたとえ「必要なもの」であっても提供しない（できない）ということになっている[17]。

　福祉労働者が連帯によって共同性を取り戻し、ソーシャルワークを可能とするための諸条件を整えることができるのは、準市場化ではなく「自治」化においてである。「自治」に向かう労働運動にこそその可能性を見出すことができる。「自治」は、福祉労働者が職場や現場における自律性を拡大していくことでやがて実現するものである。この福祉労働者の自律性の拡大とは、福祉労働者の自己決定のための諸条件の充実と重なる部分がある。

1)　ここでいう「ソーシャルワーク」とは、グローバル定義を想定している。ソーシャルワークのグローバル定義は次のように示されている。「ソーシャルワークは、社会変革と社会開発、社会的結束、および人々のエンパワメントと解放を促進する、実践に基づいた専門職であり学問である。社会正義、人権、集団的責任、および多様性尊重の諸原理は、ソーシャルワークの中核をなす。ソーシャルワークの理論、社会科学、人文学、および地域・民族固有の知を基盤として、ソーシャルワークは、生活課題に取り組みウェルビーイングを高めるよう、人々やさまざまな構造に働きかける。この定義は、各国および世界の各地域で展開してもよい」。
2)　これは福祉労働者すべてがソーシャルワーカーではないということではなく、ソーシャルワークを必ずしも実践できていない状況が徐々に拡大してきている現実に対する問題提起を意図するものである。
3)　ここでいう「階級」とは「何らかの地位・身分の違いを指示する概念」である。この階級を通じて、社会の人びとのなかに格差が生じる。本章では「階級」と「階層」を明確に区別された概念として使用していることは強調しておきたい。「階層」とは、階級を通じて形成された格差であり、「何らかの特徴にそくして人びとを区分し層化したもの」である（志賀 2022：27-28）。階級と階層の関係は、原因と結果、本質と現象に相当するものである。なお、「資本―賃労働関係」とは、資本主義社会における生産をめぐって取り結ばれる特有の社会関係を示すものであるが、この社会関係だけに資本主義社会の階級の議論をすべて還元できるわけではないことも注意喚起しておきたい。
4)　イギリスにおいても社会福祉の市場化が推進されているところであり、これに伴って福祉労働に「効率化」と「生産性」が要求されるようになっていることはダスティン（2023）

にも示されている。

5）『月刊福祉』2022年9月号では、「福祉における生産性とは」と題した特集が組まれた。その特集からは、まさに人員配置基準の緩和等に伴う労働力の削減圧力に対して「経営の効率化」の必要が迫られているという実態がよく理解できる。記載内容に対する賛否はあろうが、福祉労働の実態をよく示した特集となっている。

6）　ダスティン（2023）は、イギリスにおける社会福祉の市場化傾向によって、福祉労働が「マクドナルド化」されたことを指摘している。彼女によれば、福祉労働のマクドナルド化とは、福祉労働者の技能を断片化または破壊した結果生じる「単純作業化」を意味しており、その最も明白な否定的側面は、社会サービス提供に対する行動に管理統制化されたアプローチをつうじて導入された「合理性の非合理性」である。「合理性の非合理性」とは、福祉の商品化、市場化に伴って、効率化またはコストパフォーマンスの観点からの効果測定が行われるようになり、福祉労働がより「効果的」で「生産的」になるべくフォーディズム的技術による管理統制が進められた結果、生じるさまざまな弊害の総称である。市場の原理と合致するような合理性を追求した福祉労働は非人間的になり、無思慮となり、選択肢なき自己決定を迫り、アセスメントを形骸化させ、社会的格差に手を付けることなく福祉サービスを充実させ質を向上させようとする矛盾を看過し、人間に制度が合わせるようにするのではなく制度に人間が合うようになるまで支援・援助しないという状況を作り出し、倫理的選択と効率に基づく選択のあいだで生じる矛盾・葛藤のなかで後者を選択せねばならないような立場を余儀なくされるのである。

7）　マルクスの次の指摘は、非常に示唆に富むものである。「マニュファクチュアは、完全な労働能力を犠牲にして徹底的に一面化された専門性を練達の域にまで発達させるとすれば、それはまたいっさいの発達の欠如さえも一つの専門にしようとするのである。等級性的段階づけと並んで、熟練労働者と不熟練労働者とへの労働者の簡単な区分が現れる。後者のためには修業費はまったく不要になり、前者のためには、機能の簡単化によって手工業者の場合に比べて修業費は減少する。どちらの場合にも労働力の価値は下がる。……修業費の消失または減少から生ずる労働力の相対的な減価は、直接に資本のいっそう高い価値増殖を含んでいる。なぜならば、労働力の再生産に必要な時間を短縮するものは、すべて剰余労働の領域を延長するからである」（Marx 2008：371）。

8）　今野（2021）は、まさに本稿で論じてきた「可能性」が顕在化した現状について論じている。介護や保育の商品化・民営化を象徴的なケースとして、特に、ワタミの介護事業のずさんさと労働の劣悪さを例に、次のように説明している箇所は本稿の理論的分析とも重なる。「ワタミの介護のケースは業界のなかでも極端に劣悪ではあるだろう。とはいえ、介護事業の保険・市場化がケア労働の質の劣化を招いてきた側面があることは強調されるべきである。介護保険制度の下で一連の介護行為は要素作業ごとに細分化され、職場集団も解体されて労働者の協同が喪失している。サービスは労働30分ごとに細分化され、家事（生活援助）と介護へも分割された。さらに、移動時間、相談援助などは介護（時間）として認定されなくなった。介護という一連の労働過程が「商品」としてばらばらにされ、売買される形式に変形されてしまったのである。そして、断片化されることで『利用者と

介護者』の連続した関係は切断され、必要なニーズからは遠ざかっていく。人間のニーズを満たすものから、商品の論理によって細分化された労働の組み合わせへと、労働の性質そのものが変化してしまうわけだ」（今野 2021：55）。

9）　これについては、ケアなどの福祉に関連する様々な労働が女性に押し付けられてきたという歴史的事実をみておく必要がある。ケアが女性に押し付けられる以前には、男性が女性を暴力的に服従させてきたという事実がある。女性への暴力を正当化するための機能をもった実践が女性差別である。この差別によって暴力が正当化され、暴力によって男性優先・女性劣後という序列と「地位・身分（＝階級）」が形成されたのだが、差別と暴力は次第に文化や制度をはじめ社会構造に織り込まれていき、あたかもそれが自然の摂理であるかのようにみなされていった。こうした歴史的事実に基づく理解に従えば、福祉労働が相対的に低賃金である理由は、ケア労働（および関連する労働）の「価値」それ自体が低いということではなく、ケア労働を押し付けられてきた女性が差別され収奪されてきたのだという歴史に求められるべきである。

10）　生産物の生産や供給をあえて抑えることで「希少性」を創出すること。これによって、その生産物の需要が高い状態がつくりだされ、市場における商品としての価格がつりあがるのである。

11）　紙幅の関係上、詳論できないが、経済成長主義を相対化していけば、国家責任と公的責任は必ずしも常に不即不離のものではなく概念的にも理論的にも区別できるものとして議論できる。この概念的・理論的区別から、公的責任に基づく新たな福祉システム構築のための理路がみえてくる。

12）　「準市場」は、「法的根拠を持ち公的財源によって提供される公共サービスに市場原理を導入した運営方式である」（狭間 2008：70）。また、児山によれば「準市場が『準』であるのは、サービス費用を利用者ではなく政府が負担するからである。準市場が『市場』であるのは、当事者間に交換関係があるからである」（児山 2004：134）とされる。

13）　「諸個人がばらばらになっており、共同労働をおこなうことができず、私的に労働しなければならないかぎり、彼らは労働生産物どうしを互いに関連させることによって社会関係を成立させるしかない。そして、労働生産物どうしを互いに関連させるためには、労働生産物を価値物として扱うほかない。このような事情によって、私的生産者たちは無意識のうちに労働生産物を価値物として扱うことを強制されているのである」。「だから、人々が生産物をつうじて結びつけられている社会においては、実際に、人間ではなく、生産物のほうが社会的な力をもつ。人間たちが生産物をコントロールするのではなくて、価値をもった生産物、すなわち商品が人間をコントロールする。…中略…このように社会関係を取り結ぶ力を持つにいたった物のことを物象といい、人間の経済活動が生産物の関係によって振り回されるという転倒した事態のことを物象化という」（佐々木 2016：120-122）。この「物象化」は、福祉サービスの提供者側の種々のサービスがメニュー化し、「利用者」が「顧客」化するなかで、貨幣というすべての商品と交換可能な商品と福祉サービスという商品が主体となって社会関係を取り結ぶという事態そのものである。貨幣の人格的運び手とサービスの人格的運び手のあいだには共同性はなく、単に商品の運び手として

のみ意味をもつ。

14）　ここでいうところの「公的に」とは、国家責任のもとにという限定的な意味で使用していているのではない。自治が成立し国家が不要となった場合の、自発的かつ相互的な人びとのつながりのもとにという意味も射程にいれて使用している。福祉国家の充実をその最終的な目標にするのではなく、社会保障・社会福祉の充実のなかから別の社会形態（物象化を克服しているような、あるいはしつつあるような人間相互の諸関係の全体）における福祉の展開を目標とすべきであるというのが筆者の基本的な主張である。

15）　今野による次のような分析は非常に示唆的である。近年の企業労働者らのなかには、企業内の「職務」のローテーションを担うのではなく、より「職種」やこれに明確に関連した「職務」が意識されるという、客観的な「再トレイド化」の状況も多く生じてきている。この「再トレイド化」の状況は、介護や福祉などの相対的に完結した業務を担う職種でより先んじて生じており、そこに連帯（職種的連帯）の新たな基礎が見出されるというのだ。このことを踏まえ、さらに次のように強調している。「特にここで強調すべきことは、新しい職種的な連帯の原理は、『再トレイド化』を背景とする職業的な共感と連帯意識として、すでに労働者たちが感性的に獲得しているということだ。保育士や介護士らは、多くの事業所で共通する労働問題に直面してきた者が少なくない。労使交渉に立ち上がる労働者たちの背後には、彼らの眼前で繰り返されてきた問題を労使交渉で解決するしかないという決意がある。だからこそ、今日の新しい労働運動が、『事件』を通じて労働者たちに広く共感され、その感性を機勢力として労使交渉を行うという現実が、すでに出現している」（今野 2021：188）。

16）　これまで、その待遇や賃金面の劣悪さは、専ら福祉労働者らの専門性の明確化や資格化によって克服しようとしてきたが、こうした方向性は福祉労働者の労働力商品の市場における希少性を創出し、ますます物象化を助長するだけでなく、福祉労働を共同化するのではなく私的化する。私的労働としての福祉労働は、生活問題を生み出す構造やその被害者である人格に向き合うのではなく、貨幣に向き合うことになる。ただし、資格化はそれ自体で労働を私的化させるわけではないのでこの点については注意喚起しておきたい。私的化された労働のなかで、その労働力商品の人工的希少性の創出を目的として資格化していくことが問題なのである。資格化することで獲得すべき最低限度の「技術」水準の担保に有利にはたらくことがあるからである。

17）　マルクスの次のような指摘が思い出される。「労働力の売買がその枠内で行われる流通または商品交換の部面は、実際、天賦人権の真の楽園であった。ここで支配しているのは、自由、平等、所有、およびベンサムだけである。自由！　というのは、一商品たとえば労働力の買い手と売り手は、彼らの自由意思によって規定されているだけだからである。彼らは、自由で法律上対等な人格として契約する。契約は、そこにおいて彼らの意思が一つの共通な法的表現を与えられる最終結果である。平等！　というのは、彼らは商品所有者としてのみ互いに関連しあい、等価物と等価物を交換するからである。所有！　というのは、だれもみな、自分のものを自由に処分するだけだからである。ベンサム！　というのは、両当事者のどちらにとっても、問題なのは自分のことだけだからである。彼らを結び

つけて一つの関係のなかに置く唯一の力は、彼らの自己利益、彼らの特別利得、彼らの私
益という力だけである。そしてこのように誰もが自分自身のことだけを考えて、誰もが他
人のことを考えないからこそ、すべての人が、事物の予定調和に従って、またはまったく
抜け目のない摂理のおかげで、彼らの相互の利得、共同の利益、全体の利益という事業を
なしとげるだけである」（Marx 2008：189-190）。

【引用文献】
秋元美世・藤村正之・大島巌・森本佳樹・芝野松次郎・山縣文治（2003）『現代社会福祉辞典』
　　有斐閣.
児山正史（2004）「準市場の概念」日本行政学会編『年報行政学』39，129-146 頁.
今野晴貴（2019）「労働の視点からみたベーシックインカム論」佐々木隆治・志賀信夫編
　　著『ベーシックインカムを問いなおす』.
今野晴貴（2021）『賃労働の系譜額—フォーディズムからデジタル封建制へ』青土社貞包
　　英之（2023）『消費社会を問いなおす』筑摩書房.
真田是／総合社会福祉研究所編（2012）『真田是著作集　第5巻　Ⅰ福祉労働論　Ⅱ社会
　　福祉運動論　Ⅲ部落問題論』福祉のひろば.
佐々木隆治（2016）『カール・マルクス—「資本主義」と闘った社会思想家』筑摩書房.
志賀信夫（2022）『貧困理論入門—連帯による自由の平等』堀之内出版.
狭間直樹（2008）「社会保障の行政管理と『準市場』の課題」『季刊・社会保障研究』44（1），
　　70-81 頁.
ドナ・ダスティン／小坂啓史，坏洋一，堀田裕子訳（2023）『マクドナルド化するソーシャ
　　ルワーク』明石書店.
宮本太郎（2021）『貧困・介護・育児の政治　ベーシックアセットの福祉国家へ』朝日新
　　聞出版.
Marx, K.（2008）*Das Kapital・Kritik der Politschen Ökonomie, Belrin*：Dietz.（参照：佐々
　　木隆治（2018）『マルクス　資本論』KADOKAWA）.

おわりに

　政府は2016（平成28）年に閣議決定した「ニッポン一億総活躍プラン」において「地域共生社会」の実現を盛り込み、今日の社会福祉政策では「地域共生社会」は重要キーワードとなっている。国は地域共生社会の実現に向けて、社会福祉士を「ソーシャルワーク専門職」と位置づけ、「多様化・複雑化する地域の課題に対応するため、他の専門職や地域住民との協働、福祉分野をはじめとする各施設・機関等との連携」という役割を求めている（「ソーシャルワーク専門職である社会福祉士に求められる役割等について」平成30年3月27日社会保障審議会福祉部会・福祉人材確保専門委員会）。

　社会福祉士への期待が示される一方、近年は社会福祉士や精神保健福祉士など「ソーシャルワーク専門職」の国家試験受験者は減少傾向が続き、養成校の閉鎖・縮小といった事態も散見される。そこにはソーシャルワーカーなどケア労働者を取り巻く労働条件・雇用環境の問題が影響を及ぼしている。

　コロナ禍においてケア労働者は人間の生存に必要不可欠な「エッセンシャルワーカー」と呼ばれるようになり、その社会的価値の大きさに多くの人が気づいたが、他の労働分野の従事者と比べてその賃金・労働条件は低く、資本主義社会における市場価値という面で低位に置かれている。こうした社会的価値と市場価値の転倒した関係について、デヴィッド・グレーバーは著書『ブルシット・ジョブ』で「その労働が他者の助けとなり他者に便益を提供するものであればあるほど、そしてつくりだされる社会的価値が高ければ高いほど、おそらくそれに与えられる報酬はより少なくなる」と説明し、ケア労働のような社会的価値は高いが労働条件は良くない仕事を「シット・ジョブ（割のあわない仕事）」と呼んだことはよく知られている[1]。

　資本主義社会おいてケア労働は、商品化された労働力を供給する「社会的再生産」という重要な役割を担っている。しかし、資本主義社会では公的経済の領域で剰余価値を生み出す生産労働に対し、ケア労働は「非生産的」な再生産労働として「公的経済の価値蓄積の回路の外」に切り離されてきた。そして主

おわりに　181

に女性が担う無償又は低賃金の労働として生産労働に対して従属的関係に追い
やられてきた[2]。

　ケア労働としてのソーシャルワーカーという職業も資本主義社会・国家のも
とで形成されてきた。今日のソーシャルワーカーを取り巻くさまざまな「ジレ
ンマ」も資本主義社会・国家の構造の影響を受けて生み出され、福祉現場にお
ける社会的矛盾として出現している。それは、ソーシャルワーカーは「福祉の
実践者」であると同時に資本主義特有の労働形態である「賃労働」として営ま
れることに深く関係している。

　そして今、ソーシャルワーカーは資本主義社会・国家の資源管理を担う「門
衛」（gatekeeper）としての実践者なのか？　それとも、変革と人間解放を求め
る実践者なのか？　が社会から問われている。しかし、今日のように福祉の市
場化・商品化が全面化する社会では、賃労働者であるソーシャルワーカーが職
場を超えて連帯し、社会的矛盾を生み出す構造に抗することは容易なことでは
ない。

　少し前置きが長くなってしまったが、本書はこのようなソーシャルワーカー
の「ジレンマ」が生み出される構造を資本主義社会・国家の権力に求め、ソー
シャルワーク教育のあり方を含む福祉現場の矛盾を、各執筆者がさまざまな角
度から考察し、今後のあり方について問題提起することを試みている。

　本書を構想するうえで母体となった「社会福祉理論研究会」と出版に至る経
緯について簡単に紹介させていただく。研究会の主なメンバーは、加美を除い
ては本書の編者である志賀信夫をはじめ、岡部茜、孔栄鍾、桜井啓太、日田剛、
中野加奈子など、各大学で社会福祉士等の養成教育に携わる若手研究者が中心
だが、それぞれ鋭い問題意識と独自の視点を持ち、今日の社会福祉学領域の研
究に一石を投じるような著書・論文を発表している研究者たちである。

　これら研究会メンバーに概ね共通する問題意識は、ソーシャルワーカーな
ど「福祉の実践者」のジレンマの背後には資本主義社会の構造が深く関係して
おり、その構造分析が社会福祉学研究として必要不可欠である、という認識で
あったと思う。

　このような問題意識をもつメンバーが集まり、第1回研究会は2019年7月5
日に開催している。研究会では資本主義社会とは何かという基本的な問いに立

ち返り、佐々木隆治氏の『マルクス資本論』（角川選書）などを輪読し、意見交換を重ねてきた。折しもコロナ禍に直面することになったが、研究会は継続し、2021年12月の研究会で本書編著者の志賀信夫氏から出版の具体的提案がなされた。その後、執筆者メンバーとして福祉現場の諸問題に精通し、ソーシャルワーク専門職の資格制度のあり方について精力的に発信されている鶴幸一郎氏、また韓国において当事者と社会福祉士、市民の連帯による社会変革の運動に取り組んでおられるキムヘミ氏にも加わっていただき、より多角的・多面的な視点から本書をまとめることになった。構想提案から3年近い時間を要したが、各執筆者の問題意識をもとに分担執筆を行い、ひとまず現段階での到達点として本書にまとめることができた。

　本書の特徴は今日の社会福祉・ソーシャルワークにおいて自明とされている言説について批判的な検討を行い、全面的な問い直しを試みている点にあると考える。例えば、ソーシャルワークなど社会福祉領域において広く言われる「専門性への信頼」に対する問い直しから「『社会』福祉労働者よ、反社会的に」という提案（第5章）や「労働の拒否／ソーシャルワークの拒否」といった問題提起（第6章）がラディカルな視点からなされている。

　これらの問題提起はややもすれば反倫理的に感じる人はいるかもしれない。しかし、その内容は福祉労働者が賃労働者という自らの立場を自覚することの重要性 、あるいはソーシャルワーカーや福祉受給者がちょっとした「日常的な抵抗」を行うだけでも新自由主義的な福祉政策を後退させ、無効化することは可能であることを具体例から実践的に示した提起である。組織的なソーシャルアクションや社会運動だけが社会変革の方法ではなく、福祉現場の日常の小さな営みの中にも社会を変えていくさまざまな方法があることに気づくことができるのではないだろうか。

　本書の役割は、ソーシャルワーカーのさまざまな「ジレンマ」を資本主義社会・国家の構造との関係から明らかにするとともに、「福祉の市場化」に抗するために地域の福祉現場や当事者、市民とソーシャルワーカーが共同・連帯することによって「自治」をひろげることの意義を示し、いまある社会とは異なる未来の可能性を構想していくことにあると考える。

　D. グレーバーは、今日の閉塞的で分断された社会にあっても人間にある未

来の可能性を構想する「内在的な想像力」に期待を寄せた。酒井はこの「内在的想像力」とは現実と不可分に絡まり合い、現実を組み立てる要の役割を果たすものであり、そして他者の安全を配慮し、心持ちを推測したり、必要をおもんばかるというケアを含む基盤的次元において作動するものだと述べている[3]。

　限りなく市場化を進め、人間を収奪する資本主義社会・国家は絶対ではない。いまある社会とは異なる未来の可能性を共に考え、育てていく取り組みがいま必要と考える。本書がこうした「内在的な想像力」をひろげるための小さな一歩となれば幸いである。

　最後に、出版事情の厳しいなか、本書の出版を快く引き受けていただき、編集に尽力いただいた旬報社と企画編集部の今井智子さんに心からお礼を申し上げます。

2024年8月
加美嘉史

1）デヴィッド・グレーバー／酒井隆史・芳賀達彦・森田和樹訳（2020）『ブルシット・ジョブ－クソどうでもいい仕事の理論』岩波書店, pp.33-34, 271.
2）ナンシー・フレイザー／江口康子訳（2023）『資本主義は私たちをなぜ幸せにしないのか』ちくま新書, pp.104-107.
3）デヴィッド・グレーバー／酒井隆史訳（2017）『官僚制のユートピア』以文社, p.132.
　酒井隆史（2021）『ブルシット・ジョブの謎－クソどうでもいい仕事はなぜ増えるのか』講談社現代文庫, p.246.

◆編著者

志賀信夫（しが・のぶお）　第7章
大分大学福祉健康科学部准教授（貧困理論、社会政策）。主な著作に、『貧困理論の再検討――相対的貧困から社会的排除へ』（法律文化社、2016年）、『ベーシックインカムを問いなおす――その現実と可能性』〔編共著〕（法律文化社、2019年）、『貧困理論入門――連帯による自由の平等』（堀之内出版、2022年）、『なぜ基地と貧困は沖縄に集中するのか――本土優先、沖縄劣後の構造』〔共編著〕（堀之内出版、2022年）、などがある。

加美嘉史（かみ・よしふみ）　第1章
佛教大学社会福祉学部教授（公的扶助論、貧困研究、就労支援）。主な著作に、『現代の貧困と公的扶助――低所得者に対する支援と生活保護制度』〔共編著〕（高菅出版、2016年）、『救護施設からの風』〔監修〕（クリエイツかもがわ、2019年）、『就労支援（第2版）』〔共著〕（ミネルヴァ書房、2014年）、などがある。

◆著　者（50音順）
岡部　茜（おかべ・あかね）　第5章
大谷大学社会学部講師（社会学、社会福祉学、若者支援）。主な著作に、『若者支援とソーシャルワーク』（法律文化社、2019年）、『〈若者／支援〉を読み解くブックガイド』〔共著〕（かもがわ出版、2020年）、などがある。

孔栄鍾（ごんよんじょん）　第4章
佛教大学社会福祉学部准教授（社会福祉学、障害者福祉政策）。主な著作に、『介護保険制度と障害者福祉制度の「制度間調整」――介護保険優先原則をめぐる「浅田訴訟」を手掛かりに』（旬報社、2021年）、『福祉再考――実践・政策・運動の現状と可能性』〔共著〕（旬報社、2020年）、『ベーシックインカムを問いなおす――その現実と可能性』〔共著〕（法律文化社、2019年）、などがある。

桜井啓太（さくらい・けいた）　第6章
立命館大学産業社会学部准教授（社会福祉学、貧困研究）。生活保護ケースワー

カーを経て現職。主な著作に、『〈自立支援〉の社会保障を問う——生活保護・最低賃金・ワーキングプア』（法律文化社、2017年）、『自立へ追い立てられる社会』〔共編著〕（インパクト出版会、2020年）、などがある。

中野加奈子（なかの・かなこ）　第4章
大谷大学社会学部教授（社会福祉学、ソーシャルワーク論、貧困研究、医療福祉）。主な著作に『共に生きるための障害福祉学入門』〔共著〕（大月書店、2018年）、『新版　人と社会に向き合う医療ソーシャルワーク』〔共著〕（日本機関紙出版センター、2020年）、『現代のラディカル・ソーシャルワーク：岐路に立つソーシャルワーク』〔監訳〕（クリエイツかもがわ、2023年）、などがある。

日田　剛（ひた・つよし）　第3章
九州医療科学大学社会福祉学部准教授（社会福祉学、社会福祉労働論）。主な著作に、『ソーシャルワークにおける権利擁護とはなにか——「発見されていない権利」の探求』（旬報社、2020年）、『地方都市から子どもの貧困をなくす——市民・行政の今とこれから』〔共著〕（旬報社、2016年）、『歴史との対話——現代福祉の源流を探る』〔共著〕（大学教育出版、2018年）、などがある。

◆ Column 執筆者
Column ①
김혜미（キムヘミ）　社会福祉士
Column ②
鶴　幸一郎（つる・こういちろう）　社会福祉法人フォレスト倶楽部

漂流するソーシャルワーカー
――福祉実践の現実とジレンマ

2024 年 9 月 25 日　初版第 1 刷発行

編著者　　志賀信夫・加美嘉史
装　丁　　木下悠
組　版　　キヅキブックス
編　集　　今井智子
発行者　　木内洋育
発行所　　株式会社旬報社
　　　　　〒 162-0041
　　　　　東京都新宿区早稲田鶴巻町 544　中川ビル 4 階
　　　　　TEL 03-5579-8973　FAX 03-5579-8975
　　　　　ホームページ　https://www.junposha.com
印刷製本　シナノ印刷株式会社

© Nobuo Shiga et al. 2024, Printed in Japan
ISBN978-4-8451-1948-6